मेरी आवाज़ सुनो

[गीत]

मेरी आवाज़ सुनो

कैफ़ी आज़मी

राजकमल प्रकाशन

ISBN : 978-81-267-0645-7

मूल्य : ₹ 495

पहला संस्करण : 2002
छठा संस्करण : 2018

प्रकाशक : राजकमल प्रकाशन प्रा. लि.
1-बी, नेताजी सुभाष मार्ग, दरियागंज
नई दिल्ली-110 002

शाखाएँ : अशोक राजपथ, साइंस कॉलेज के सामने, पटना-800 006
पहली मंजिल, दरबारी बिल्डिंग, महात्मा गांधी मार्ग, इलाहाबाद-211 001
36 ए, शेक्सपियर सरणी, कोलकाता-700 017

वेबसाइट : www.rajkamalprakashan.com
ई-मेल : info@rajkamalprakashan.com

संकलन : अय्यूब ख़ान

मुद्रक : यश प्रिंटोग्राफिक्स
नोएडा-201 301 (उत्तर प्रदेश)

MERI AAWAZ SUNO
by Kaifi Azmi

क्रम

मेरी आवाज़ सुनो

1 बुज़दिल 1951

रोते-रोते गुज़र गई रात रे
आई याद तेरी हर बात रे
नींद भी मेरी न मेरी हो सकी
रोके शबनम भी न यह ग़म धो सकी
थी मैं तेरी पर न तेरी हो सकी
रोते-रोते...

ख़्वाब की दुनिया उजड़ कर रह गई
छीन ली सूरज ने घर की रौशनी
चाँद से होती है दूर अब चाँदनी
रोते-रोते....

प्यार की घड़ियाँ बहुत याद आएँगी
याद आकर रात दिन तड़पाएँगी
तुम को ये तनहाइयाँ डस जाएँगी
रोते-रोते...

2 बुज़दिल
1951

मँझधार में कश्ती डूब गई कुछ ऐसा नसीबा फूट गया
जब हाथ बढ़े दामन की तरफ़ दामन भी तुम्हारा छूट गया

काहे अब रे बलम
धीरे-धीरे तेरा ग़म
ढाए दिल पे सितम
काहे अब रे बलम
तू लाख सता तू लाख रुला
उल्फ़त को मिटाना मुश्किल है
क़दमों पे तेरे जो डाल दिया
उस दिल को उठाना मुश्किल है

कैसे बाज़ आएँगे हम
धीरे-धीरे ढाए दिल पे सितम
काहे अब रे बलम

3 बहू बेटी 1952

मोसे चंचल जवानी सँभाली नहीं जाए
कोई चुपके से आए
कोई मन को लुभाए
कोई आकर जवानी को संग ले जाए
मोसे चंचल...

गुदगुदाती है तनहाई हरदम मुझे
छेड़ता है अकेले में मौसम मुझे
रात सपने दिखाए कोई कानों में गाए
ठंडी-ठंडी हवा मोरा घूँघट उठाए
मोसे चंचल...

नाचती हैं चमन में हवाएँ नई
लिख ले आज दिल में अदाएँ नई
कोई हिलमिल के गाए
कोई पेंगें बढ़ाए
कोई मज़बूत बाँहों में झूला झुलाए
मोसे चंचल...

मोरे नैनों से मस्ती बरसने लगी
उजली-उजली-सी माँग डँसने लगी
कोई चुनरी उड़ाए
कोई झूमर पिन्हाए
कोई उजली-सी माँग में सिंदूर लगाए
मोसे चंचल...

4 बहू बेटी
1952

नज़दीक न आना न मुझे हाथ लगाना
ये मोहब्बत नहीं अच्छी, ये मोहब्बत नहीं अच्छी
दिल मेरा चुराना मुझे दीवाना बनाना
ये शरारत नहीं अच्छी, ये शरारत नहीं अच्छी

जागो मेरे मजनू किसी सहरा को बसाओ
और ख़ाक उड़ाओ
लैला मेरी तुम नाम न लैला का हटाओ
आँखें न चुराओ
अब प्यार जताना न कभी आँख लड़ाना
कि ये आदत नहीं अच्छी, कि ये आदत नहीं अच्छी

मैं शर्म से मर जाऊँगी अब छोड़ कलाई
देती हूँ दुहाई
जब आग मेरे दिल में मोहब्बत की लगाई
तब लाज न आई
उल्फ़त का फ़साना कहीं सुन ले न ज़माना
ये मुहब्बत नहीं अच्छी, ये मुहब्बत नहीं अच्छी

गर्दन को झुकाना कभी दामन को छुड़ाना
ये नज़ाकत नहीं अच्छी, ये नज़ाकत नहीं अच्छी
क्यों तेरे लिए दिल का मैं सुख-चैन लुटा दूँ
और होश गँवा दूँ
आ जान, मैं चुपके से इक बात बता दूँ
और प्यार सिखा दूँ
मुझको न बनाना ग़मे-उल्फ़त का निशाना
ये मुसीबत नहीं अच्छी, ये मुसीबत नहीं अच्छी

मौसम ये सुहाना यूँही बातों में गँवाना
ये हिमाक़त नहीं अच्छी, ये हिमाक़त नहीं अच्छी

5 बहू बेटी 1952

कैसे ले आऊँ रखिया मैं भैया
मेरे पाँव में बेड़ी पड़ी
सासू बैरन बड़ी घात में हर घड़ी
राह को रोके खड़ी
सोने की थारी पान सुपारी
सब कुछ है बेकार
जिस घर में न हो वीर मेरा
वहाँ न आए त्योहार
आई है शुभ घड़ी
चोट है दिल पे पड़ी
सीने में बरछी गड़ी
पाँव में बेड़ी पड़ी...

जग की बहिनें नाचें-गाएँ
धूम मचाएँ वीर
अपनी सूनी कलाई लेकर
राह तके मेरा वीर
हूँ जो बेबस बड़ी राखी लिए हूँ पड़ी
रोती हूँ मैं हर घड़ी
पाँव में बेड़ी पड़ी...

रिमझिम-रिमझिम सावन बरसे
नीर बहावे नैन
जब तक तोरे पास न पहुँचूँ
कैसे पड़े मोहे चैन
खुश है दुनिया बड़ी और यहाँ हर घड़ी
मुझपे है विपदा पड़ी
पाँव में बेड़ी पड़ी...

6 गुलबहार
1954

इस हाथ दे उस हाथ ले
इनकार क्या इक़रार क्या
सब खेल है तक़दीर का
ये जीत क्या ये हार क्या

पाँसा उठा बाज़ी लगा फिर लूटना पहले लुटा
हर हाथ पर, हर दाँव पर ये जाँ फ़िदा ये दिल फ़िदा
जो काम कर हिम्मत से कर आसान क्या दुश्वार क्या
सब खेल है...

ये जाम ले ईनाम ले ज़ुल्फ़ों तले आराम ले
दौलत खड़ी है सामने दौलत का दामन थाम ले
हर बार बाज़ी जीत ले इक बार क्या सौ बार क्या
सब खेल है...

कुछ खो दिया कुछ पा गईं आँखें मिलीं शर्मा गईं
तू मेरे दिल में बस गया मैं तेरे दिल पे छा गई
ये चुपके-चुपके हो गया इज़हार क्या इक़रार क्या
सब खेल है...

7 सख़ी हातिम
1955

जाते हो .ख़ुदा हाफ़िज़, तस्कीन दिए जाओ
अब जाके कब आओगे, वादा तो किए जाओ
फ़ुरक़त में यह नज़ारे, ग़म और बढ़ाएँगे
चमकेंगे यह तारे, आँसू निकल आएँगे
ये चाँद-सितारे भी, तुम साथ लिए जाओ
जाते हो .ख़ुदा...

किस तरह सँभालूँ मैं, मजबूर बहुत दिल है
हालत ये बताती है, जीना मेरा मुश्किल है
उल्फ़त का ये कहना है, मर-मर के जिए जाओ
जाते हो ख़ुदा...

8 सख़ी हातिम
1955

ज़ेरे-दीवार खड़े हैं, तेरा क्या लेते हैं
देख लेते हैं, तपिश दिल की बुझा लेते हैं

क्यों मना करते हो, हम .ख़ुद ही चले जाएँगे
बैठ जाते हैं जहाँ धूनी रमा लेते हैं
देख लेते हैं...

चश्मे-नर्गिस हैं तेरे मय के गुलाबी प्याले
बिन पिये ही मुझे मस्ताना बना देते हैं
देख लेते हैं...

दे दे अब हुस्न की ख़ैरात, के अरसा गुज़रा
हम फ़क़ीराना, तेरे दर पे सदा देते हैं
देख लेते हैं...

9 सखी हातिम
1955

ये आँखें जिससे लड़ जाएँ, तेरा बीमार हो जाए
पड़े तिरछी नज़र जिस पर, जिगर के पार हो जाए

दिलों को ये गुरूरे-हुस्न कब तक आज़माएगा
ज़माने का भरोसा क्या, ज़माना बीत जाएगा
ये दिन इक़रार के हैं, इश्क़ का इक़रार हो जाए
ये आँखें जिससे...

खड़े हैं तेरे दर पे लेके जानो-दिल के नज़राने
अगर ठुकरा दिया तूने कहाँ जाएँगे दीवाने
ख़ुदारा चाँद-सी सूरत के अब दीदार हो जाएँ
ये आँखें जिससे...

10 हातिमताई की बेटी
1955

घबरा न प्यार कर ले
ये बिखरे-बिखरे गेसू
ये भीनी-भीनी ख़ुशबू
जागा हुआ है जादू
दिल पर नहीं क़ाबू
आँखें तो चार कर ले
घबरा न प्यार...

हसरत बता रही है
तूफ़ाँ जगा रही है
मस्ती दिखा रही है
शरमाई जा रही है
नज़रों का वार कर ले
घबरा न प्यार...

होंठों पे हैं तराने
आँखों में सौ बहाने
ये दर्दे-दिल न जाए
तुझ पर फ़िदा ख़ज़ाने
अब एतबार कर ले
घबरा न...

11 नाता 1955

जवानी झूलती है आशिक़ी झूला झुलाती है
क़दम सीनों पर पड़ता है नज़र तारों पे जाती है
ज़मीं से आसमाँ तक अब जवानी आती जाती है
क़दम सीनों...

मेरी ज़ुल्फ़ों को झुक कर चूमते हैं झूमते बादल
कभी रंगीनियाँ बढ़कर पकड़ती हैं मेरा आँचल
धनक अँगड़ाई लेकर अपनी बाँहों में झुलाती है
जवानी झूमती है...

मेरी आँखों में पैमाने मेरी ज़ुल्फ़ों में मयख़ाने
बरस जाए ये मतवाली घटा दिल पे ये क्या जाने
हवा आहिस्ता-आहिस्ता मेरा घूँघट उठाती है
जवानी झूमती है...

ये मस्ती-सी फ़ज़ाएँ ये मेरे बालों का लहराना
सुनाती है घटा महकी हुई रातों का अफ़साना
सँभालो अपनी बाँहों में कि मुझको नींद आती है
जवानी झूमती है...

12 यहूदी की बेटी
1956

प्यार बेक़रार है, प्यार की पुकार सुन
रख ले आज मेरी लाज, मैं तेरे निसार सुन

तुझसे आरज़ू जवाँ तुझसे ज़िंदगी हसीं
ये हरा-भरा चमन, तू नहीं तो कुछ नहीं
रूठती बहार सुन, मैं तेरे निसार सुन
प्यार बेक़रार है...

तेरे बिना नसीब से ग़म कभी न जाएगा
फूल सौ खिला करें, दिल न मुस्कुराएगा
दिल है सोगवार सुन, मैं तेरे निसार सुन
प्यार बेक़रार है...

13 यहूदी की बेटी
1956

पायल न जाने क्या बोले रे
नन्हा-सा दिल मेरा डोले रे
छुन-छुन-छुन-छुनन छुनन
चंचल पायल
क्या जाने क्या बोले

पायल न जाने...

बात अनोखी जात निराली चाल मेरी मतवाली
गोरी-गोरी बाँहें लचकें जैसे फूल की डाली
नाच दिलों में दर्द जगाए गीत मेरा रस घोले

पायल न जाने...

चाँद में चमकूँ गाल पे लटकूँ फूल में छुप-छुप जाऊँ
अपनी अदाएँ दिल को लुभाएँ अपने से शर्माऊँ
आप ही जीतूँ आप ही हारूँ खेल हैं कितने भोले

पायल न जाने...

14

यहूदी की बेटी

1956

ये प्यार भरा दिल है मोहब्बत का ख़ज़ाना
डर है कहीं न लूट ले बेदर्द ज़माना
ये प्यार भरा...

जो प्यार ज़माने से डरे प्यार नहीं है
दिल क्यों न मिले शोख़ जवाँ रात हसीं है
सड़कों से गुज़र जाएगा ये रक़्स सुहाना
ये प्यार भरा...

बदनाम मोहब्बत को करा है न करेंगे
हम तेरे थे, हम तेरे हैं हम तेरे रहेंगे
दुनिया को सिखा जाएँगे हम प्यार निभाना
ये प्यार भरा...

15 यहूदी की बेटी
1956

रात आई दुल्हन बनके ख़ुशी नाच रही है
तारों से भरी लाल-परी नाच रही है

अरमाँ के खिले फूल हुआ मस्त ज़माना
फूलों के लबों पर है बहारों का तराना
काँटों से बहुत दूर कली नाच रही है
रात आई...

ग़म दूर हुआ, दूर हुआ दर्दे-जिगर भी
शर्माने लगी शोख़ अदाएँ भी नज़र भी
आँखों में हया लब पे हँसी नाच रही है
रात आई...

16 ज़िंदगी
1956

वृन्दावन से जड़ी मँगाई
हिमालया से बूटी
और काशी जी में धोई-भिगोई
अयोध्या में घोटी
ढलते चंद्रमा पीसी-छानी
चढ़ते सूर्य को खाई
चालीस क़तरे अमृत डाला तब ये बनी है दवाई
हमारी दवाई ले लो
सुनो बड़े भाई ले लो

जिसकी नाड़ी थाम ली एक दिन कभी न अच्छा होए
और दर-दर जाए चैन न आए मुफ़्त में पैसा खोए
कड़वी-कड़वी बिके दवाई जिया फ़क़ीरा रोए
बड़े आए दवाई ले लो

राजे क्या महाराजे क्या, कैसे साधू जोगी
वैद न देखा होगा ऐसी दवा न देखी होगी
चमचा भर के जिसे खिला दो रोग रहे न रोगी
बड़े आए दवाई ले लो

हमारी दवाई ले लो...

17 ज़िंदगी 1956

लहराई चुनरिया तारों की
आ जाओ चंदा रात हुई

सखियों सहेलियों में जी घबराए चैन न आए
बात कभी कान में कही न जाए
लहराई चुनरिया...

हुई जो न मैं तेरी, तू क्या जाने क्या पहचाने
बान चतुर नैनन के, जो सहे वही जाने
लहराई चुनरिया...

आरती उतारूँ तेरी मन-मन चाहूँ
नाच-नाच अँगना में झूम-झूम गाऊँ
लहराई चुनरिया...

18 ज़िंदगी
1956

भोली-भाली परी तू नाच रे
तेरे घुँघरू पे नाचे ज़माना

दिल से नाज़ुक खिलौने ये सारे
आए मेहमाँ ये क्या-क्या ये प्यारे
रास आए जनमदिन मनाना
ताना धिन ताना ना तानाधिन

काली कलकत्तेवाली
तेरा वचन न जाए ख़ाली
चाची लाई ये जादू का तोता
चाचा लाई जापानी बबुआ
जगमगाते घरौंदे सजाना

ला मैं गुड्डे की क़िस्मत बता दूँ
गुड़िया रानी की कुंडली बना दूँ
रस्स.......?

19 लाल-ए-चमन
1956

खिलौना तोड़ के दिल का जो जाओगे तो रो देंगे
सिसक कर हाथ से दामन छुड़ाओगे तो रो देंगे

इन्हीं बाँहों में आए थे तुम रहमत की घटा बन के
खिलाई थी मुरादों की कली चंचल हवा बन के
खिली कलियों को अब जो तुम बिगाड़ोगे तो रो देंगे
सिसक कर हाथ...

तुम आए थे तो अरमानों की दुनिया जगमगाई थी
अँधेरे में तुम्हीं ने शमा उल्फ़त की जलाई थी
जलाकर शमा उल्फ़त की बुझाओगे तो रो देंगे
सिसक कर हाथ...

दिये जाते हो जो यादें ये नन्हा दिल दुखाएँगे
जहाँ जाओगे ये आँसू तुम्हारे साथ जाएँगे
पलट आओ पलट आओ न आओगे तो रो देंगे
सिसक कर हाथ...

20 सुलताना डाकू
1956

तिरछी नज़र से न देखो मेरे सैंयाँ
मैं तो लाज के मारी मर जाऊँ हाय राम

अजनबी बनके कभी प्यार जताकर लूटा
इक लुटेरे ने भरी बज़्म में आकर लूटा
देखो कैसा बेदर्दी सँवरिया हाय राम

आँख से आँख मिली होश में आया न गया
बच गया दिल सबसे तुझसे बचाया न गया
देखो कैसा बेदर्दी सँवरिया हाय राम

21 लाला रुख़ 1958

अलविदा जाने-वफ़ा तेरा निगेहबाँ .ख़ुदा
फूल से ख़ुशबू उड़ी तुझ से हुए हम जुदा
अलविदा...

दिल में तेरी यादें लिये आँखों में परछाइयाँ
जाएँ किधर बैठें कहाँ तकती हैं तनहाइयाँ
मिलके कहाँ तू छुप गया कौन बताए पता
अलविदा...

खाएँगे हम सौ ठोकरें भटकेंगे अब उम्र-भर
मंज़िल पे भी पहुँचे अगर ख़त्म न होगा सफ़र
साथ तेरा जब से छूटा भूल गए रास्ता
अलविदा...

22 लाला रुख़
1958

ले जा मेरी दुआएँ दामन छुड़ानेवाले
तड़पा के जानेवाले
करती है तुझको उल्फ़त अल्लाह के हवाले
तड़पा के जानेवाले...

फ़ुरक़त का दर्द लेकर शादी की रात आई
घर लूटने ख़ुशी का ग़म की बरात आई
अपना बनाके छोड़ा नज़रें चुरानेवाले
तड़पा के जानेवाले...

दिल चुन रहा है काँटे फूलों की दोस्ती में
सौ बार मौत आई दो दिन की ज़िंदगी में
दामन पकड़ ही लेंगे मजबूर दिल के नाले
तड़पा के जानेवाले...

23 लाला रुख़
1958

मोहब्बत बनाए मोहब्बत मिटाए
मोहब्बत किसी दिन .ख़ुदा बन न जाए
मोहब्बत करम भी मोहब्बत सितम भी
मोहब्बत से मजबूर तुम भी हो हम भी

थी एक शाहज़ादी थी बहुत ख़ूबसूरत
ज़मीं पर उतर आई थी हूरे-जन्नत
जवाँ जिस्म में सौ तरह के नज़ारे
हँसी मस्त आँखों में पिघले सितारे

वह लम्बा-सा क़द वह लचकती-सी बाँहें
गुनहगार करती थीं नीची निगाहें
लरज़ते थे जो लब गुलाबी-गुलाबी
पटक देते थे जाम कितने शराबी
नज़र में तक़ाज़े लबों पर बहाने
चली वह किसी का मुक़द्दर जगाने
थी एक शाहज़ादी

अचानक फ़क़ीर एक नसीबों का मारा
नज़र आ गया जैसे बादल में तारा
निगाहें मिलीं आरज़ूएँ जगा दीं
मोहब्बत ने सोई तमन्ना जगा दी
थी एक शाहज़ादी

इतना हँसे आख़िर उन्हें रोना पड़ा
देखो सितम मिलकर जुदा होना पड़ा
ख़्वाबों की जन्नत लुट गई रस्तों में उल्फ़त लुट गई
वो चाँदनी रातें गईं रंगीं मुलाक़ातें गईं
दुश्मन ज़माना हो गया दिल का सुकूँ खोना पड़ा
इतना हँसे आख़िर उन्हें रोना पड़ा
देखो सितम उनको जुदा होना पड़ा

वो दिलरुबा शम्मे-हया जलने लगी

फ़रियाद में क़ातिल हँसी ढलने लगी
आँखों से जादू उड़ गया नज़रों का नश्तर मुड़ गया
गेसू परेशाँ हो गए मरने के सामाँ हो गए
सीने में हरदम आह की तलवार-सी चलने लगी
वो दिलरुबा शम्मे-हया जलने लगी
फ़रियाद में क़ातिल हँसी ढलने लगी

वो मजबूर क़िस्मत से बाज़ी लगाए
लहू से चराग़े-तमन्ना जलाए
मुख़ालिफ़ हवाओं से टकरा रहा था
अँधेरे में बढ़ता चला जा रहा था
मोहब्बत में ज़ख़्मी लबों से दुआ दी
लिया जिसने दिल जाँ उसी पर गँवा दी
घटा खुल गई आँसुओं की बरस कर
उसे आ गया सब्र दो दिन तरसकर
थी इक शाहज़ादी

24 लाला रुख़
1958

उदास-उदास फ़िज़ाओं में नूर छलकाओ
बुझे-बुझे हुए तारों को हँस के चमकाओ
गुरूरे-हुस्न सलामत न राह दिखलाओ
रबाब डूब गया ख़ूँ में अब तो आ जाओ

आना ही पड़ेगा
सर इश्क़ के क़दमों में झुकाना ही पड़ेगा
आना ही पड़ेगा...

नग़मा मेरा हर साँस में रस घोल रहा है
इस साज़ के परदे में .ख़ुदा बोल रहा है
छेड़ा है अगर साज़ तो गाना ही पड़ेगा
आना ही पड़ेगा...

टपकेगा लहू दर्द-भरे राग से कब तक
खेलेगी तेरी मस्त अदा आग से कब तक
इस खेल में अब हाथ जलाना ही पड़ेगा
आना ही पड़ेगा...

उल्फ़त कभी दुनिया से डरेगी न डरी है
फूलों की जवानी ने सदा माँग भरी है
हँसने के लिए ज़ख़्म तो खाना ही पड़ेगा
आना ही पड़ेगा...

25 लाला रुख़
1958

है कली-कली के लब पर, तेरे हुस्न का फ़साना
मेरे गुलसिताँ का सब कुछ, तेरा सिर्फ़ मुस्कुराना

ये खुले-खुले-से गेसू, उठे जैसे बदलियाँ-सी,
ये झुकी-झुकी निगाहें, गिरे जैसे बिजलियाँ-सी
तेरे नाचते क़दम में है बहार का ख़ज़ाना
है कली-कली के लब पर, तेरे हुस्न का फ़साना...

तेरा झूमना-मचलना, जैसे सर बदल-बदल के
मेरा दिल धड़क रहा है, तू लचक सँभल-सँभल के
कहीं रुक ना जाए ज़ालिम इस मोड़ पर ज़माना
है कली-कली के लब पर, तेरे हुस्न का फ़साना...

26 लाला रुख़
1958

प्यास कुछ और भी भड़का दी झलक दिखला के
तुझको परदा रुख़-ए-रौशन से हटाना होगा

इतनी गुस्ताख़ न हो इश्क़ की आवारा नज़र
हुस्न का पास निगाहों को सिखाना होगा

चाँद तारों को मयस्सर है नज़ारा तेरा
मेरी बेताब निगाहों से ये परदा क्यों है

चाँद आईना मेरा, तारे मेरे नक़्शे-क़दम
ग़ैर को आँख मिलाने की तमन्ना क्यों है

तुझको देखा तुझे चाहा तुझे पूजा मैंने
बस यही इसके सिवा मेरी ख़ता क्या होगी

तूने अच्छा किया घबराके जो मुँह फेर लिया
इससे कम दिल के तड़पने की सज़ा क्या होगी

प्यास कुछ और भी भड़का दी झलक दिखला के
तुझको परदा रुख़-ए-रौशन से हटाना होगा

27 चंदू 1958

दो नैना मिलाकर
मतवाला दिल ले लिया
बात तुम्हारी जान गई मैं
चोर नज़र पहचान गई मैं
ले लिया ले लिया दिल मेरा
दो नैना मिलाकर...

रूप दिखा के प्यार जता के
जीत लिया मन मन में समा के
क्या किया क्या किया दिलरुबा
दो नैना मिलाकर...

आज कोई दिल दिल से मिला है
प्यार का पहला फूल खिला है
मुस्कुरा मुस्कुरा साजना
दो नैना मिलाकर...

28 कागज़ के फूल
1959

वक़्त ने किया क्या हसीं सितम
तुम रहे न तुम, हम रहे न हम

बेक़रार दिल इस तरह मिले
जिस तरह कभी हम जुदा न थे
तुम भी खो गए, हम भी खो गए
एक राह पर चलके दो क़दम

वक़्त ने किया...

जाएँगे कहाँ, सूझता नहीं
चल पड़े मगर रास्ता नहीं
क्या तलाश है कुछ पता नहीं
बुन रहे हैं दिल ख़्वाब दम-ब-दम[1]

वक़्त ने किया...

1. हर पल

29 कागज़ के फूल

1959

देखी ज़माने की यारी, बिछड़े सभी बारी-बारी

क्या लेके मिलें अब दुनिया से
आँसू के सिवा कुछ पास नहीं
या फूल ही फूल थे दामन में
या काँटों की भी आस नहीं

मतलब की दुनिया है सारी, बिछड़े सभी बारी-बारी

वक़्त है मेहरबाँ, आरज़ू है जवाँ
फ़िक्र कल की करें, इतनी फ़ुरसत कहाँ
दौर यह चलता रहे
रूप मचलता रहे
रंग उछलता रहे
जाम बदलता रहे
रात-भर मेहमाँ हैं बहारें यहाँ
रात गर ढल गई फिर ये .ख़ुशियाँ कहाँ

पल-भर की ख़ुशियाँ हैं सारी
बढ़ने लगी बेक़रारी, बिछड़े सभी बारी-बारी

उड़ जा, उड़ जा, प्यासे भँवरे
रस न मिलेगा ख़ारों में
काग़ज़ के फूल जहाँ खिलते हों
बैठ न उन गुलज़ारों में
नादान तमन्ना रेती में
उम्मीद की किश्ती खेती है
इक हाथ से देती है दुनिया
सौ हाथों से ले लेती है
ये खेल है कब से जारी, बिछड़े सभी बारी-बारी

30 कागज़ के फूल
1959

उल्टे-सीधे दाँव लगाए हँस-हँस फेंका पासा
भाग की चाल भी देख दिवाने कैसा तुझ को फाँसा
हार कभी जीत कभी काहे का रोना रे

तेरी जीत में हिस्सा जहाँ ने लिया
अब हारा तो हार अकेला
किसे ढूँढ़ रहा है यार मेरे
दो रोज़ का था वो मेला रे
हार कभी...

बड़ा नाज़ था जिनपे इक रोज़ तुझे
तू भूला वो चालें सारी
मेरे बाँके खिलाड़ी बाज़ी उठा
अब औरों की आई बारी रे
हार कभी...

31 कागज़ के फूल
1959

सन सन सन जो चली हवा
झुक झुक झुक कान में कुछ कहा
नए अरमान जागे
नए तूफ़ान जागे
झोंके पे झोंका खाए जिया
सन सन सन...

महक गया जी मन मेरा तन मेरा
लट जो तेरी लहराई
बहक गया जी बोले दिल गले मिल बोले
कितनी बुरी रुत आई
पुरवइया करे दीवाना
दिल चाहे कहीं उड़ जाना
सन सन सन...

मचल गए दिल माने न सुने न माने
लगते हैं झोंके सन सन
ज़हर चढ़े रे ये पवन डँसे रे
डँसती है जैसे मगन
मार डाला रे मार डाला
पुरवइया करे मतवाला
सन सन सन...

32 काग़ज़ के फूल
1959

एक दो तीन चार और पाँच
छे और सात, आठ और नौ
एक जगह सब रहते थे
झगड़े पर थे उनमें सौ

नौ ने कहा आठ क्या
छोटे का ठाठ क्या
आठ हँसा सात पे
तुफ़ तेरी ज़ात पे
सात ये बोला छे से
तू हँसा कैसे

अकड़-अकड़ के बिगड़-बिगड़ के
झगड़ा झंझट खिच-खिच करके
सबने सबको फटकारा
रह गया सबका मुँह तक के
सबसे छोटा एक बेचारा
एक दो तीन...

एक बेचारा तनहा-तनहा
फिरता था आवारा-सा
सिफ़र मिला उसे रस्ते में
बेक़ीमत आवारा-सा
एक ने पूछा तुम हो कौन
उसने कहा मैं सिर्फ़ सिफ़र
एक ने सोचा मैं भी क्या
सबसे छोटा और कमतर
मिल गए दोनों बन गए दस
चमका क़िस्मत का तारा
एक दो तीन...

एक को जब दस बनते देखा
सबने सिफ़र को रोका-टोका

नौ ने प्यार से आँख मिलाई
आठ ने सौ-सौ बात बनाई
सात ने रंगीं जाल बिछाए
छे ने सौ तूफ़ान उठाए
घटा-घटा के मिटा-मिटा के
सिफ़र को एक से दूर हटा के
छीना एक दूजे का सहारा
एक बेचारा तन्हा तन्हा
फिरने लगा फिर से आवारा...

33 चालीस दिन
1959

मैं दीवाना, मस्ताना, मुश्किल भेद मेरा पा जाना
दुनिया मेरी ठोकर में, तूफ़ाँ क़ैद मेरे सागर[1] में
सारा ज़माना मेरा निशाना, खेल नहीं मुझसे टकराना
मुश्किल भेद मेरा पा जाना

चरचे मेरे पनघट पर, रोको राह चलके दिलबर
मस्त जवानी मेरी दिवानी, हुस्न मुझे दे दिल नज़राना
मुश्किल भेद मेरा पा जाना

दुश्मन झूठे यारों का, सच्चा यार वफ़ादारों का
तोड़ दे पत्थर, जोश में आकर, यह दिल का नाज़ुक पैमाना
मुश्किल भेद मेरा पा जाना

1. मदिरा-पात्र

34 चालीस दिन
1959

देखो ये तारे खोए-खोए, फूलों में सपने सोए-सोए
रुत हँसी की आई, ऐसे में दिल क्यों रोए
देखो ये तारे खोए-खोए

दिल में खिलीं कलियाँ, और जागे हैं नए-नए अरमाँ
तुम ज़रा मुसकराओ, तुम पर बहारें क़ुरबाँ
देखो ये तारे खोए-खोए

जीवन के चलते-फिरते साए, ओ खोके ना कोई कुछ पाए
जब तक आँख उठाओ, दुनिया बदल न जाए
देखो ये तारे खोए-खोए

35 चालीस दिन
1959

बैठे हैं रहगुज़र पे दिल का दिया जलाए
शायद वो दर्द जाने, शायद वो लौट आए

आकाश पर सितारे चल-चलके थक गए हैं
शबनम के सर्द आँसू फूलों पे जम गए हैं
हम पर नहीं किसी पर वह, काश रहम खाए

शायद वो दर्द जाने, शायद वो लौट आए
बैठे हैं रहगुज़र पे दिल का दिया जलाए

राहों में खो गई हैं, हसरत-भरी निगाहें
कबसे छलक रही हैं, अरमाँ की नर्म बाँहें
हर मोड़ पर तमन्ना, आहट उसी की पाए

शायद वो दर्द जाने, शायद वो लौट आए
बैठे हैं रहगुज़र पे दिल का दिया जलाए

36 चालीस दिन
1959

नसीब होगा मेरा मेहरबाँ कभी-न-कभी
मिलेगा उसके क़दम का निशाँ कभी-न-कभी

रहा जो छुपके जवाँ दिल में आरज़ू की तरह
चला गया जो ग़रीबों की आबरू की तरह
नज़र तो आएगा वो मेहमाँ कभी-न-कभी

नसीब होगा...

हर इक सितम का वफ़ाएँ जवाब माँगेंगी
हर एक बूँद का आँखें हिसाब माँगेंगी
लहू पुकारेगा बनके ज़ुबाँ कभी-न-कभी

नसीब होगा...

लुटी-लुटी-सी तमन्ना जो हाथ उठाएगी
चमकते चाँद-सितारों को तोड़ लाएगी
गले मिलेंगे ज़मीं-आसमाँ कभी-न-कभी

नसीब होगा...

37 चालीस दिन
1959

झूठी मोहब्बत झूठी अदाएँ
झूठों से दिल न लगा
कौन है तेरा कौन लुटेरा
देख के आँखें मिला

दौलत पे मरने वाले
दिल पे नहीं मर सकते
मतलब के ये बंदे
प्यार नहीं कर सकते
प्यार है इनका धोखा
चाल में इनकी न आ
झूठी मोहब्बत...

जिसको देखा फाँसा
हैं ये शिकारी ऐसे
मस्त अदा ने जिनकी
तोड़े हैं दिल कैसे-कैसे
इनकी अदाओं से बचना
देंगे तुझको दग़ा
झूठी मोहब्बत...

38 एक के बाद एक
1960

हाथ पसारे रस्ते-रस्ते सबको सदाएँ देते हैं
हमको पैदा करनेवालो, तुमको दुआएँ देते हैं

अपने से बड़ों का कहना सुनना, छोटा मुँह और बड़ी बात
जीवन हमने कब माँगा था, जिसकी सज़ा यह देते हैं
हाथ पसारे रस्ते-रस्ते...

इनसे-उनसे मिल जाता है कोई टुकड़ा रोटी का
दर्द हमें अपनों ने दिया है, ग़ैर दवाएँ देते हैं
हाथ पसारे रस्ते-रस्ते...

चोरी करना, माँगना, खाना उल्टी-सीधी सुनते जाना
फ़ाक़े भोले बचपन को ये कैसी अदाएँ देते हैं

हाथ पसारे रस्ते-रस्ते सबको सदाएँ देते हैं
हमको पैदा करनेवालो, तुमको दुआएँ देते हैं

39 एक के बाद एक
1960

चली-चली ये फ़ौज हमारी रे
चल चलम चल चल्लम चल
छिड़ी लड़ाई भारी रे
चल चलम चल चल्लम चल
          वर्दी पहनी चूहों ने
          मेंढक बैंड बजाते हैं
          तितली के रथ पर बैठे
          लड़ने-भिड़ने जाते हैं
          हर क़दम पर चुन्नू-मुन्नू मिठाई खाते हैं
          चली-चली ये फ़ौज...
हाथी सारे बाँध दिए
नन्हीं च्यूँटी के पर में
बैलूनों की छतरी से
उतरी परियों के घर में
फिर किसी को पकड़ा-जकड़ा किसी को पल-भर में
चली-चली ये...
          अब से मुर्ग़ी पालेगी
          बच्चे काली बिल्ली के
          लड़ना-भिड़ना बात बुरी
          कहे सयाने दिल्ली के
          क्यों वह गोली खाए, पाए जो लड्डू तिल्ली के
          छिड़ी लड़ाई भारी रे
          चल चल चल चल्लम चल
          चली-चली ये...

40 एक के बाद एक
1960

ना तेल और ना बाती, ना क़ाबू हवा पर
दिये क्यों जलाए चला जा रहा है

उजालों को तेरे सियाही ने घेरा
निगल जाएगा रोशनी को अँधेरा
चिराग़ों की लौ पर धुआँ छा रहा है
दिये क्यों जलाए चला जा रहा है

न दे दोष भगवान को, भोले-भाले
ख़ुशी क़ी तमन्ना में ग़म तूने पाले
तू अपने किए की सज़ा पा रहा है
दिये क्यों जलाए चला जा रहा है

तेरी भूल पर कल यह दुनिया हँसेगी
निशानी हर इक दाग़ बनकर रहेगी
उभरने की ख़ातिर मिटा जा रहा है
दिये क्यों जलाए चला जा रहा है

41 एक के बाद एक
1960

छैल छबीली नई नवेली
क्या-क्या छब दिखलाती है
गाता है संसार गले से
वह नैनों से गाती है
घूँघट के पट खोल-खोल के
चुपके पास बुलाती है
आते हैं जो पास दिवाने
घूँघट में छिप जाती है

जो बताओ क्या करूँगी मैं
जो ग़म की रात आएगी

मैं याद बनके आऊँगा
तमाम रात ख़्वाब में
तुम्हारे जगमगाऊँगा

दिखा सकोगे ख़्वाब क्या
जो नींद ही न आएगी

न आए नींद ग़म नहीं
मैं नींद बन के आऊँगा
और आके इन गुलाबी पँखुड़ियों को चूम जाऊँगा

जो नींद टूट जाएगी जो सुबह जी जलाएगी
मैं चोरी-चोरी सुबह की हवा के साथ आऊँगा

और इन घनी-घनी लटों में फूल गूँथ जाऊँगा
जो सुबह बीत जाएगी जो धूप तन जलाएगी
जो धूप तन जलाएगी घटाएँ लेके आऊँगा
भिगोऊँगा तुझे भी और ख़ुद भी भीग जाऊँगा

बस इंतेज़ार में यूँ ही उम्र बीत जाएगी
ये इंतेज़ार की घड़ी कटेगी बात-बात में
मगर यह शर्त है यूँही रहे ये हाथ हाथ में।

42 अपना हाथ जगन्नाथ
1960

घनश्याम, घनश्याम, श्याम, श्याम रे
बंसी की तान सुना, बने मेरा काम रे

दुख का सागर, ग़म की धारा
डगमग नैया, दूर किनारा,
बिना खेवैया, नैया मेरी डूबे
हचकोले खाता है जीवन
छोटी-सी जान बचा, बड़ा तेरा नाम रे
बंसी की तान सुना, बने मेरा काम रे

द्रौपदी को दिया सहारा
महाबली को तूने तारा
आ के अहिल्या को मुक्ति दिलाई
प्रह्लाद की जान तूने बचाई
भक्तों के हाथ बिका सदा बिना दाम रे

घनश्याम, घनश्याम, श्याम, श्याम रे
बंसी की तान सुना, बने मेरा काम रे

43 अपना हाथ जगन्नाथ
1960

अपने हाथों को पहचान
मूरख इनमें हैं भगवान
मुझ पर, तुझ पर, सब ही पर
इन दोनों हाथों का एहसान
अपने हाथों को पहचान
हाथ उठाते हैं जो कुदाल, परबत काट गिराते हैं
जंगल से खेती की तरफ़ मोड़ के दरिया लाते हैं
चुटकी-भर दाना लेकर ये जो ज़मीं पे बिखराएँ
जितने तारे चमकते हैं उतने ही पौधे उग आएँ
भूख जहाँ तक देख सके खेत वहाँ तक लहराएँ
चूने-गारे-ईंटों से हाथों का है याराना
रखे नींव से जब, छत को गगन दे नज़राना
बसता जाए शहर नया, सजता जाए वीराना
अपने हाथों को पहचान
छेनी और हथौड़े का खेल अगर ये दिखलाएँ
उभरें चेहरे पत्थर में देवी-देवता मुसकाएँ
चमकें-दमकें ताजमहल
आँख झपकते लग जाए मेला कोरे बरतन का
हाथ के छू लेने से सोना बनता है ज़ेवर
रूप को चमका देते हैं कंगन, झुमके और झूमर
बीन, सरंग, तबला, ढोलक, सब कुछ हाथ बजाते हैं
तारों में आवाज़ कहाँ, हाथ हमारे गाते हैं।

44 अपना हाथ जगन्नाथ
1960

तुम जहाँ-जहाँ, हम वहाँ-वहाँ
जैसे गुल में बू, दिल में आरज़ू और तन में जाँ
तुम जहाँ-जहाँ, हम वहाँ-वहाँ

प्यार हँसे, नई दुनिया बसे
जहाँ ग़म की न कोई रागिनी हो
धूप खिले मेरे हाथों की
तेरे मुखड़े की रंगीं चाँदनी हो

जैसे गुल में बू, दिल में आरज़ू और तन में जाँ
तुम जहाँ-जहाँ, हम वहाँ-वहाँ

फूल चुनूँ सदा तेरे लिए
तेरी राह में मन का दीप जले
जब तक जीवन रैन ढले
प्यार मेरा रहे यूँ ही जवाँ

जैसे गुल में बू, दिल में आरज़ू और तन में जाँ
तुम जहाँ-जहाँ, हम वहाँ-वहाँ

45 अपना हाथ जगन्नाथ
1960

तुझे मिली रौशनी मुझको अँधेरा

सारा जहाँ है बदगुमाँ
कोई नहीं मेरा यहाँ
तुझे मिली रौशनी, मुझको अँधेरा

चले थे बनाने दो दिल
एक जवाँ-जवाँ नई-नई दुनिया
मुझे तो मिला न रस्ता कोई
तुम्हीं बढ़े चले गए तनहा
अब तू कहाँ और मैं कहाँ
मैं हूँ ज़मीं, तू आसमाँ
तुझे मिली रौशनी, मुझको अँधेरा

घड़ी-घड़ी चाहा मैं मर जाऊँ
घड़ी-घड़ी तूने मुझे रोका
आई तेरी याद ऐसे छुपके
कभी-कभी हुआ तेरा धोखा
देखा जहाँ तेरा निशाँ
गाने लगीं तनहाइया
तुझे मिली रौशनी, मुझको अँधेरा

46 शमा
1961

इंसाफ़ तेरा देखा, ऐ साक़िए-मैख़ाना
हम बैठे रहे प्यासे, छलका किया पैमाना

हम तज़करा[1] करते थे, दुनिया की जफ़ाओं[2] का
क्यों तुमने नज़र बदली, क्यों कह दिया दीवाना

ख़ुद ओढ़ लिया हमने, इल्ज़ाम मुहब्बत का
देखा न गया हमसे, उन आँखों का शरमाना

काफ़ी है तआर्रुफ़[3] यह, ऐ शम्ए-सरे-महफ़िल[4]
है काम मेरा जलना और नाम है परवाना

1. जिक्र, 2. बेवफ़ाई, 3. परिचय, 4. महफ़िल में जलती हुई शमा

47

शमा
1961

वो सादगी कहें, इसे दीवानगी कहें
उनका बढ़ा जो हाथ, यहाँ दिल लुटा दिया

पहले-पहल के दर्द की लज़्ज़त न पूछिए
उठ्ठी जो दिल में हूक तो मैं मुस्करा दिया

यह कौन सोचता है कि सिज़्दा क़बूल हो
यह कौन देखता है कहाँ सर झुका दिया

आँचल की ओट हो कि न हो अब नसीब में
मैंने चिराग़ आज हवा में जला दिया

48

शमा

1961

आप से प्यार हुआ जाता है
खेल दुश्वार हुआ जाता है

दिल जो हर क़ैद से घबराता था
खुद गिरफ़्तार हुआ जाता है

तुमने क्यों प्यार से देखा मुझको
दर्द बेदार हुआ जाता है

इस तमन्ना में कि तुम दोगे सज़ा
दिल गुनहगार हुआ जाता है।

49 शमा 1961

मेरे महबूब, तुझे प्यार करूँ या न करूँ
प्यार हो जाए तो इक़रार करूँ या न करूँ

मैं हूँ तस्वीरे-ख़िज़ाँ[1], तू है बहारों की बहार
बस यही, इसके सिवा सारे ही रिश्ते बेकार
ऐसे रिश्ते का भी इज़हार करूँ या न करूँ

कुछ न कह पाने पे भी हर बात कहा करता है
कि तू दिल से भी नज़दीक रहा करता है
दूर से भी तेरा दीदार करूँ या न करूँ

1. पतझड़ की तस्वीर

50 शमा 1961

मस्त आँखों में शरारत कभी ऐसी तो न थी
यूँ ही शरमाने की आदत कभी ऐसी तो न थी

कोई बिजली है कि नस-नस में जो लहराती है
मुझे क्या जाने कहाँ लेके उड़ी जाती है
शोख़ अँगड़ाई क़यामत कभी ऐसी तो न थी

दिल धड़कता है तो चेहरे पे निखार आता है
वो तो वो हैं मुझे अपने पे भी प्यार आता है
जैसी अब है मेरी हालत कभी ऐसी तो न थी

बहकी-बहकी हुई नज़रों का सलाम आता है
दिले-बेताब ठहर, उनका पयाम[1] आता है
है जो अब मुझ पे इनायत कभी ऐसी तो न थी

1. सन्देश

51

शमा
1961

शगुफ़्तगी[1] का लताफ़त[2] का शाहकार[3] हो तुम
फ़क़त बहार नहीं, हासिले-बहार[4] हो तुम

जिसे तरंग में फ़ितरत ने गुनगुनाया है
वो भैरवी हो, वो दीपक हो वो मल्हार हो तुम

तुम्हारे जिस्म में ख़्वाबीदा[5] हैं हज़ारों राग
निगाह छेड़ती है जिसको वो सितार हो तुम

जिसे उठा न सके जुस्तजू[6], वो मोती हो
जिसे न गूँथ सके आरज़ू, वो हार हो तुम

जिसे न बूझ सके इश्क़, वो पहेली हो
क़रार छीन लिया जिसने, वो क़रार हो तुम

.खुदा करे किसी दामन में जज़्ब हो न सकें
ये मेरे अश्के-हसीं[7] जिनसे आशकार[8] हो तुम

1. प्रफुल्लता 2. कोमलता, मृदुलता 3. श्रेष्ठतम कृति 4. वसंत ऋतु की सर्वोत्तम उपलब्धि
5. सोए हुए 6. आकांक्षा 7. सुंदर आँसू, 8. प्रकट

52 शमा
1961

धकड़ते दिल की तमन्ना हो, मेरा प्यार हो तुम
मुझे क़रार नहीं, जबसे बेक़रार हो तुम

खिलाओ फूल किसी के, किसी चमन में रहो
जो दिल की राह से गुज़री है वो बहार हो तुम

ज़हे-नसीब, अता की जो दर्द की सौग़ात
वो ग़म हसीन है, जिस ग़म के ज़िम्मेदार हो तुम

चढ़ाऊँ फूल या आँसू तुम्हारे क़दमों में
मेरी वफ़ाओं की उल्फ़त की यादगार हो तुम

53

शमा
1961

यास[1] के दर पे झुक जाता है सर आज की रात
नींद क्या, मौत न आएगी इधर आज की रात

इश्क़ की गोद में है हुस्न का सर आज की रात
चाँद से कह दो कि दिखे न इधर आज की रात

बामो-दर जैसे सिमटते से नज़र आते हैं
क़ब्र से तंग हुआ जाता है घर आज की रात

तुम जो आए हो तो आया है बहारों का पयाम
रश्के-जन्नत[2] नज़र आने लगा घर आज की रात

कितनी वीरान है सुनसान है दुनिया मेरी
दिल की धड़कन से भी लगने लगा डर आज की रात

दिले-बेताब मचलता है गज़ब जाने
आज की रात हमारी है, न डर आज की रात

दिले-नाकाम, यह आलम तेरी मायूसी का
फेर ली जैसे .ख़ुदा ने भी नज़र आज की रात

1. उदासी, 2. स्वर्ग को जिससे ईर्ष्या हो

54 शमा 1961

इक जुर्म करके हमने, चाहा था मुस्कराना
मरने न दे मुहब्बत, जीने न दे ज़माना

हम बे-तअल्लुक़ी की, रस्में निबाह देंगे
पर तुम न याद करना, पर तुम न याद आना

यह सोचकर बुझा दी, .ख़ुद शम्अ आरज़ू की
शायद हो रौशनी में, मुश्किल नज़र मिलाना

जब अश्क पी लिये हैं, जब होंठ सी लिये हैं
तब पूछती है दुनिया, मुझसे मेरा फ़साना

55

शमा
1961

दिल ग़म से जल रहा है जले, पर धुआँ न हो
मुमकिन है इसके बाद कोई इम्तहाँ न हो

दुनिया तो क्या, .ख़ुदा से भी घबराके कह दिया
वो मेहरबाँ नहीं तो कोई मेहरबाँ न हो

लूटा .ख़ुशी ने, आग लगाई बहार ने
बरबाद इस तरह भी, किसी का जहाँ न हो

अब तो वहीं सुकून मिलेगा मुझे, जहाँ
यह संगदिल[1] ज़मीं न हो, यह आसमाँ न हो

1. पत्थर दिल

56 शमा 1961

दिल गया तो गया, दिलरुबा मिल गया
आपका आसरा मिल गया
प्यार को भी .ख़ुदा मिल गया

चाहता था यह नफ़रत का मारा जहाँ
एक होने न पाएँ ज़मीं-आसमाँ
रौशनी का अँधेरे में घुट जाए दम
चाँद जाने न हाय, चकोरी का ग़म
फूल से दूर भँवरा पड़ा तिलमिलाए
शम्अ तक उड़के परवाना आने न पाए
कर गई काम चुपके से नीची नज़र
हो गई दिल धड़कने की दिल को ख़बर

दर्द को एक दर्द-आशना मिल गया
दिल गया तो गया, दिलरुबा मिल गया

लेके अरमानों के दिन दर्दों की रात
ग़म की दुनिया में आई .ख़ुशी की बारात
होती जाती हैं आबाद तन्हाइयाँ
दिल के नज़दीक बजती हैं शहनाइयाँ
अँखड़ियों में महकने लगे सौ चमन
आरज़ूएँ बनी जा रही हैं दुल्हन
ज़िंदगी ले चली है नई राह पर
लग न जाए कहीं तुझको मेरी नज़र

था जो क़िस्मत में उससे सिवा मिल गया
दिल गया तो गया, दिलरुबा मिल गया

आके मुझको सजाए-सँवारे कोई
गूँथ दे महकी ज़ुल्फ़ों में तारे कोई
रह न जाए कमी हुस्न की शान में
टाँक दो चाँद को भी गरेबान में
हों तमन्नाएँ पूरी, दुआएँ क़बूल

मुस्कराएँ हथेली पे मेहँदी के फूल
हार नाज़ुक-सी गर्दन में, दिल में बहार
हो मुबारक मुहब्बत को सोलह सिंगार

दिल गया तो गया, दिलरुबा मिल गया
आपका आसरा मिल गया
प्यार को भी .ख़ुदा मिल गया

57 शोला और शबनम
1961

फूल को ढूँढ़े प्यासा भँवरा, दीपक को परवाना
दुनिया अपने रब को पुकारे, तुझको तेरा दीवाना

जीत ही लेंगे बाज़ी हम-तुम, खेल अधूरा छूटे ना
प्यार का बंधन जनम का बंधन, जनम का बंधन टूटे ना

मिलता है जहाँ धरती से गगन, आओ वहीं हम जाएँ
तू मेरे लिए, मैं तेरे लिए, इस दुनिया को ठुकराएँ
दूर बसा लें दिल की जन्नत, जिसको ज़माना लूटे ना
प्यार का बंधन जनम का बंधन, जनम का बंधन टूटे ना

मिलने की ख़ुशी, ना मिलने का ग़म, ख़त्म ये झगड़े हो जाएँ
तू तू ना रहे, मैं मैं ना रहूँ, इक दूजे में खो जाएँ
मैं भी न छोड़ूँ पल-भर दामन, तू भी पल-भर रूठे ना
प्यार का बंधन जनम का बंधन, जनम का बंधन टूटे ना

58 शोला और शबनम
1961

जाने क्या ढूँढ़ती रहती हैं ये आँखें मुझमें
राख के ढेर में शोला है न चिंगारी है

अब न वो प्यार, न उस प्यार की यादें बाक़ी
आग यूँ दिल में लगी, कुछ न रहा, कुछ न बचा
जिसकी तस्वीर निगाहों में लिये बैठी हो
मैं वह दिलदार नहीं, उसकी हूँ ख़ामोश चिता
जाने क्या ढूँढ़ती रहती हैं...

ज़िंदगी हँसके गुज़रती तो बहुत अच्छा था
ख़ैर, हँसके न सही रोके गुज़र जाएगी
राख बरबाद मुहब्बत की बचा रखी है
बार-बार उसको जो छेड़ा तो बिखर जाएगी
जाने क्या ढूँढ़ती रहती हैं...

आरज़ू जुर्म, वफ़ा जुर्म, तमन्ना है गुनाह
यह वो दुनिया है जहाँ प्यार नहीं हो सकता
कैसे बाज़ार का दस्तूर तुझे समझाऊँ
बिक गया जो वो ख़रीदार नहीं हो सकता
जाने क्या ढूँढ़ती रहती हैं...

59 नक़ली नवाब
1962

तुम पूछते हो इश्क़ बला है कि नहीं है
क्या जाने तुम्हें ख़ौफ़े-ख़ुदा है कि नहीं है

जीने का हुनर सबको सिखाता है यही इश्क़
इनसान को इनसान बनाता है यही इश्क़
बंदों को ख़ुदा करके दिखाता है यही इश्क़
इस इश्क़ की तौहीन[1] ख़ता[2] है कि नहीं है
तुम पूछते हो इश्क़ बला है कि नहीं है

माना है बड़ी दर्द-भरी इश्क़ की रूदाद[3]
होती नहीं मिटकर भी मुहब्बत कभी बरबाद
हर दौर में मजनूँ हुए हर दौर में फ़रहाद
हर साज़ में आज उनकी सदा है कि नहीं है
तुम पूछते हो इश्क़ बला है कि नहीं है

ग़म फूलने-फलने का भुलाकर कभी देखो
सर इश्क़ के क़दमों में झुकाकर कभी देखो
घर-बार मुहब्बत में लुटाकर कभी देखो
खोने में भी पाने का मज़ा है कि नहीं है
तुम पूछते हो इश्क़ बला है कि नहीं है

जब हो ही गया प्यार तो संसार का डर क्या
है कौन भला कौन बुरा इसकी ख़बर क्या
दिल में न उतर जाए तो उल्फ़त की नज़र क्या
हम दिल के पुजारी हैं, पता है कि नहीं है
तुम पूछते हो इश्क़ बला है कि नहीं है

1. अपमान 2. अपराध 3. कहानी

60 नक़ली नवाब
1962

फूलों से रंगीं ज़मीं है, काँटों का ग़म भी नहीं है
दुनिया के मालिक यह दुनिया तेरी है, मेरी नहीं है

खिलती हैं कलियाँ मुझे क्या
हँसते हैं नादाँ[1] मुझे क्या
रोता है इनसाँ मुझे क्या
दुनिया के मालिक यह दुनिया
तेरी है मेरी नहीं है
फूलों को मुरझाते देखा
भँवरों को उड़ जाते देखा
तुझको न शरमाते देखा
दुनिया के मालिक यह दुनिया, तेरी है मेरी नहीं है
दे-देके तेरी दुहाई
खाते हैं मेहनत पराई
करते हैं बंदे खुदाई
दुनिया के मालिक यह दुनिया, तेरी है मेरी नहीं है

1. नासमझ

61 नक़ली नवाब
1962

छेड़ा जो दिल का फ़साना
हँसा ज़ोर से क्यों ज़माना
अल्लाह जाने, मौला जाने
मुबारक जहाँ तुझको तेरा
उठाया फ़क़ीरों ने डेरा
मिलेगा कहाँ अब ठिकाना
अल्लाह जाने, मौला जाने
मिला कुछ न रस्ता बदल के
गिरा वह चला जो सँभल के
है यह खेल कितना पुराना
अल्लाह जाने, मौला जाने
बचा सारी दुनिया से जो दिल
हुआ अपने तीरों से घायल
पड़ा कैसा उल्टा निशाना
अल्लाह जाने, मौला जाने
मुहब्बत लूटे न मारे
कहे क़ातिलों को भी प्यारे
बुरा क्यों है फिर दिल लगाना
अल्लाह जाने, मौला जाने
छेड़ा जो दिल का फ़साना

62 नक़ली नवाब
1962

मस्त आँखें हैं कि छलके हुए पैमाने दो
आज तो मुझको बहक जाने दो
इतने छलका के न पैमाने दो
इक ज़रा होश में आ जाने दो

होश का काम बहारों में नहीं
तुम-सा एक फूल हज़ारों में नहीं
दिल की तस्कीन नज़ारों में नहीं
दिल के नज़दीक ज़रा आने दो
इक ज़रा होश में...

खोया-खोया-सा ये ख़्वाबों का समाँ
मन में आए हैं अरमान कहाँ
यही दुनिया है तो वो दुनिया है जहाँ
एक हो जाते हैं बेगाने दो
इक ज़रा होश में...

दिन ख़ुशी का जो गुज़र जाएगा
क़ाफ़िला दिल का किधर जाएगा
वक़्त शरमा के ठहर जाएगा
अपनी ज़ुल्फ़ें मुझे बिखराने दो
आज तो मुझ को बहक जाने दो
मस्त आँखें हैं कि छलके हुए पैमाने दो

63 कोहरा
1964

झूम-झूम ढलती रात
लेके चली मुझे अपने साथ

जाने कहाँ ले जाए दर्द-भरा यह दिल
जैसे सदा देती है खोई हुई मंज़िल
छोड़ो पिया, मेरा छोड़ो हाथ
झूम-झूम ढलती रात

हाल ये है मस्ती का, साँस लगी थमने
उतने रहे प्यासे हम जितनी भी पी हमने
ग़म को बढ़ा गई गम़ की मात
झूम-झूम ढलती रात

जिसको कोई समझे ना, बात न वो दोहरा
तेरा-मेरा जीवन क्या है, छाया हुआ कोहरा
किसने सुनी कभी दिल की बात
झूम-झूम ढलती रात

64 कोहरा
1964

ये नयन डरे-डरे
ये जाम भरे-भरे, ज़रा पीने दो

कल की किसको ख़बर
एक रात होके निडर, मुझे जीने दो

रात हसीं, ये चाँद हसीं
तू सबसे हसीं मेरे दिलबर
और तुझसे हसीं तेरा प्यार
तू जाने ना
ये नयन डरे-डरे, ये जाम भरे-भरे

प्यार में है जीवन की .ख़ुशी
देती है .ख़ुशी कई ग़म भी
मैं मान भी लूँ कभी हार,
तू माने ना
ये नयन डरे-डरे, ये जाम भरे-भरे

65 कोहरा
1964

ओ बेक़रार दिल, हो चुका है मुझको आँसुओं से प्यार
मुझे तू .ख़ुशी न दे
नई ज़िंदगी न दे
ओ बेक़रार दिल

आए घटा, घिरके घटा छाए
और प्यासी कली, ग़म की जली, तरस-तरस जाए
रहे सदा जो मेरा वही ज़िंदगी में रोज़ अँधेरा
चार दिन की चाँदनी,
मुझे चाँदनी न दे
मुझे रौशनी न दे
ओ बेक़रार दिल

66 कोहरा
1964

राह बनी ख़ुद मंज़िल
पीछे रह गई मुश्किल साथ जो आए तुम

देखो फूल बनके सारी धरती खिल पड़ी
गुज़रे आरज़ू के रास्तों से जब
जिस्म चुराए तुम
राह बनी ख़ुद मंज़िल

झरना कह रहा है मेरे दिल की दास्ताँ
मेरी प्यास लेकर छा रही हैं मस्तियाँ,
जिनमें नहाए तुम
राह बनी ख़ुद मंज़िल

पंछी उड़ गए सब गाके नग़मा प्यार का
लेकिन दिल ने ऐसा जाल फेंका प्यार का
उड़ न पाए
राह बनी ख़ुद मंज़िल

67

कोहरा
1964

काहे बजाई तूने काहे बाँसुरिया
तन में लगी चिंगारी
गोरी सुरतिया तोरी जिया ललचाए
मारे नजरिया कटारी

बोले दुल्हनिया बोले काहे तू सताए
हो बलमा जा जा जा
तन में बिजुरिया डोले रहा नहीं जाए
गोरिया हो छोरिया
हो बलमा जा...
नन्हा-सा जिया मोरा पिया घबराए रे
काहे बजाई तूने बाँके बाँसुरिया...

जा तू बँसुरिया तेरी कबहु न गरजे रामा
ना ना ना ना छैला ना
चुनरी उढ़इबे तोका झुलनी दिलैबे
रानी हाँ हाँ हाँ रानी हाँ हाँ हाँ
बाली उमरिया मोरी कहाँ लिये जाए रे
काहे बजाई तूने बाँसुरिया

68 हक़ीक़त
1964

मस्ती में छेड़के तराना कोई दिल का
आज लुटाएगा ख़ज़ाना कोई दिल का

प्यार बहलता नहीं बहलाने से
लो मैं चमन को चला वीराने से
शम्अ है कब से जुदा परवाने से
अश्क थमेंगे नज़र मिल जाने से

दिल से मिलेगा दीवाना कोई दिल का
मस्ती में छेड़के तराना कोई दिल का

मिलके पहले बहुत शरमाएगी
आगे बढ़ेगी मगर रुक जाएगी
होके क़रीब कभी घबराएगी
और कभी और क़रीब आएगी

खेल नहीं है मनाना कोई दिल का
मस्ती में छेड़के तराना कोई दिल का

मुखड़े से ज़ुल्फ़ ज़रा सरकाऊँगा
सुलझेगा प्यार उलझ मैं जाऊँगा
पाके रिहाई बहुत पछताऊँगा
ऐसा सुकून कहाँ फिर पाऊँगा

और नहीं है ठिकाना कोई दिल का
मस्ती में छेड़के तराना कोई दिल का

69 हक़ीक़त
1964

मैं ये सोचकर उसके दर से उठा था
कि वो रोक लेगी, मना लेगी मुझको
क़दम ऐसे अंदाज़ से उठ रहे थे
कि आवाज़ देकर बुला लेगी मुझको
हवाओं में लहराता आता था दामन
कि दामन पकड़कर बिठा लेगी मुझको

मगर उसने रोका न उसने मनाया
न दामन ही पकड़ा, न मुझको बिठाया
न आवाज़ ही दी, न वापस बुलाया

मैं आहिस्ता-आहिस्ता बढ़ता ही आया
यहाँ तक कि उससे जुदा हो गया मैं

70 हक़ीक़त
1964

ज़रा-सी आहट होती है तो दिल सोचता है
कहीं ये वो तो नहीं

छुपके सीने में कोई जैसे सदा देता है
शाम से पहले दिया दिल का जला देता है
है उसी की ये सदा, है उसी की ये अदा
कहीं ये वो तो नहीं
ज़रा-सी आहट होती है तो दिल सोचता है

शक्ल फिरती है निगाहों में वही प्यारी-सी
मेरी नस-नस में मचलने लगी चिंगारी-सी
छू गई जिस्म मेरा, किसके दामन की हवा
कहीं ये वो तो नहीं
ज़रा-सी आहट होती है तो दिल सोचता है

71 हक़ीक़त
1964

खेलो ना मेरे दिल से, ओ मेरे साजना
मुस्कुरा के देखते तो हो मुझे
ग़म है क्यों निगाह में
मंज़िल अपनी तुम अलग बसाओगे
मुझको छोड़ दोगे राह में

प्यार क्या दिल्लगी, प्यार क्या खेल है
खेलो ना मेरे दिल से, ओ मेरे साजना

क्यों नज़र मिलाई थी लगाव से
हँसके दिल मेरा लिया था क्यों
क्यों मिले थे ज़िंदगी के मोड़ पे
मुझको आसरा दिया था क्यों

प्यार क्या दिल्लगी, प्यार क्या खेल है
खेलो ना मेरे दिल से, ओ मेरे साजना

72 हकीक़त
1964

होके मजबूर मुझे उसने भुलाया होगा
ज़हर चुपके से दवा जानके खाया होगा

दिल ने कुछ ऐसे भी अफ़साने सुनाए होंगे
अश्क आँखों ने पिए और न बहाए होंगे
बंद कमरे में जो ख़त मेरे जलाए होंगे
एक-एक हर्फ़ जबीं पर उभर आया होगा

होके मजबूर....

उसने घबराके नज़र लाख बचाई होगी
मिटके इक नक़्श ने सौ शक्ल दिखाई होगी
मेज़ से जब मेरी तस्वीर हटाई होगी
हर तरफ़ मुझको तड़पता हुआ पाया होगा

होके मजबूर....

छेड़ की बात पे अरमाँ मचल आए होंगे
ग़म दिखावे की हँसी में उबल आए होंगे
नाम पर मेरे जब आँसू निकल आए होंगे
सर ना काँधे से सहेली के उठाया होगा

होके मजबूर....

ज़ुल्फ़ ज़िद करके किसी ने जो बनाई होगी
और भी ग़म की घटा मुखड़े पे छाई होगी
बिजली नज़रों ने कई दिन न गिराई होगी
रंग चेहरों पे कई रोज़ न आया होगा

होके मजबूर मुझे उसने भुलाया होगा

73 हक़ीक़त
1964

कर चले हम फ़िदा जानो-तन साथियो
अब तुम्हारे हवाले वतन साथियो
साँस थमती गई, नब्ज़ जमती गई
फिर भी बढ़ते क़दम को न रुकने दिया
कट गए सर हमारे तो कुछ ग़म नहीं
सर हिमालय का हमने न झुकने दिया

मरते-मरते रहा बाँकपन साथियो
अब तुम्हारे हवाले वतन साथियो

ज़िंदा रहने के मौसम बहुत हैं मगर
जान देने की रुत रोज़ आती नहीं
हुस्न और इश्क़ दोनों को रुस्वा करे
वो जवानी जो ख़ूँ में नहाती नहीं

आज धरती बनी है दुल्हन साथियो
अब तुम्हारे हवाले वतन साथियो

राह क़ुर्बानियों की न वीरान हो
तुम सजाते ही रहना नए क़ाफ़िले
फ़तह का जश्न इस जश्न के बाद है
ज़िंदगी मौत से मिल रही है गले

बाँध लो अपने सर से कफ़न साथियो
अब तुम्हारे हवाले वतन साथियो

खींच दो अपने ख़ूँ से ज़मीं पर लकीर
इस तरफ़ आने पाए न रावन कोई
तोड़ दो हाथ अगर हाथ उठने लगे
छू न पाए सीता का दामन कोई
राम भी तुम, तुम्हीं लक्ष्मण साथियो
अब तुम्हारे हवाले वतन साथियो

74 हक़ीक़त
1964

आई अबके साल दिवाली, मुँह पर अपने ख़ून मले
चारों तरफ़ है घोर अँधेरा, घर में कैसे दीप जले
आई अबके साल दिवाली
मुँह पर अपने ख़ून मले

बालक तरसें फुलझड़ियों को, दीपों को दीवारें
माँ की गोदी सूनी-सूनी, आँगन कैसे सँवारे
राह में उनकी जाओ उजालों, बन में जिनकी शाम ढले
आई अबके साल दिवाली
मुँह पर अपने ख़ून मिले

जिनके दम से जगमग-जगमग करती थीं ये रातें
चोरी-चोरी हो जाती थीं मन से मन की बातें
छोड़ चले वह घर में अमावस, ज्योति लेकर साथ चले
आई अबके साल दिवाली
मुँह पर अपने ख़ून मले

टप-टप, टप-टप टपके आँसू, छलके ख़ाली थाली
जाने क्या-क्या समझाती है आँखों की यह लाली
शोर मचा है, आग लगी है, कटते हैं पर्बत पे गले
आई अबके साल दिवाली
मुँह पर अपने ख़ून मले

75 मैं सुहागन हूँ
1964

सब जवाँ सब हसीं
कोई तुम-सा नहीं
हो गए जिसके हम
वह तुम्हीं हो तुम्हीं

देखा जो तुम्हें महसूस हुआ
पहचान है अपनी मुद्दत से
ख़्वाबों में बसी थी जो सूरत
मिलती है तुम्हारी सूरत से
तुम हो वही है यह दिल को यक़ीं
सब जवाँ...

रस्ता भी मिले मंज़िल भी मिले
जब साथ चले दीवाने दो
या हाथ पकड़ लो बढ़ के तुम्हीं
या मुझको क़रीब आ जाने दो
यह सितम कब तलक तुम कहीं मैं कहीं
सब जवाँ...

कुछ जान के भी धोखा खाया
कुछ देखे उनके इशारे भी
लो यास की बदली में चमके
उम्मीद के चाँद-सितारे भी
हो गई आस्माँ आज दिल की ज़मीं
सब जवाँ...

76 मैं सुहागन हूँ
1964

गोरी तोरे नैनवा
कजर बिन कारे कारे
छलके छलक-छलक तरसाए
समय बदल के जब मिल जाए
गोरी तोरे नैनवा

बहके बहक-बहक बहकाए
हँसी-हँसी में दिल ले जाए
गोरी तोरे नैनवा

77 मैं सुहागन हूँ
1964

तू शोख़ कली मैं मस्त पवन
तू शम्ए-वफ़ा मैं परवाना
गुलशन-गुलशन महफ़िल-महफ़िल
तेरा-मेरा अफ़साना

मेरी पहली प्यास है तू आस है तू विश्वास है तू
जबसे दिल ने धड़कना सीखा तब से दिल के पास है तू
तन भी तेरा मन भी तेरा ले ले ले ले नज़राना
तू शोख़ कली...

दिल को दिल पहचान गया प्यार की बातें मान गया
मीठी आँखें क्या कहती हैं मैं भी जाने जान गया
ढलके-ढलके मस्ती ढलके छलके-छलके पैमाना
तू शोख़ कली...

हुए तुम मेहरबाँ
फिर दिल के सारे तार थर्राए
मेरे रूठे हुए सब गीत
सब नग़्मे पलट आए

तू शोख़ कली मैं मस्त पवन
तू शम्ए-वफ़ा मैं परवाना
गुलशन-गुलशन महफ़िल-महफ़िल
तेरा-मेरा अफ़साना

हरदम आँखें चार करें हरदम सौ इक़रार करें
नफ़रत दुनिया से मिट जाए हम-तुम ऐसा प्यार करें
महकें-मचलें हरदम ज़ुल्फ़ें हरदम बहके दीवाना
तू शोख़ कली...

78 दो दिल
1965

कहाँ है तू, तू कहाँ है, आ जा
आ जा, ऐ मेरे सपनों के राजा

प्यासी हिरनी बन-बन धाए
कोई शिकारी आए रे
चोरी-चोरी फंदा डाले
बाँह पकड़ ले जाए रे

नई-नई खिली कली, चुन ले न कोई
ऐसी-वैसी बातें दिल की, सुन ले न कोई
नन्हा-सा जिया मोरा जाने क्या गाए रे
प्यासी हिरनी बन-बन धाए रे

चलते-चलते रुक जाऊँ मैं चल नहीं पाऊँ
पल-पल भड़के तन में अग्नि कैसे बुझाऊँ
लागी न बुझे कहीं जी को जलाए रे
प्यासी हिरनी बन-बन धाए रे

एक तो हूँ मैं भोली-भाली दूजे अकेली
कैसे बूझी जाए मोसे मन की पहेली
चली है हवा नई, जिया घबराए रे
प्यासी हिरनी बन-बन धाए रे

79 दो दिल
1965

तेरा हुस्न रहे, मेरा इश्क़ रहे
तो ये सुबह ये शाम रहे न रहे
चले प्यार का नाम ज़माने में
किसी और का नाम रहे न रहे

मेरी प्यास का कोई हिसाब नहीं
तेरी मस्त नज़र का जवाब नहीं
इसी मस्त नज़र से पिलाए जा
मेरे सामने जाम रहे न रहे

मैं बहकने लगा हूँ सँभाल ज़रा
मेरे पास ही रह कहीं दूर न जा
कोई ठीक नहीं है बहारों का
यहाँ और क़याम रहे न रहे

जो निगाह उठी तो पयाम मिला
जो निगाह झुकी तो सलाम मिला
इसी वक़्त बुझा दे लगी दिल की,
यह पयामो-सलाम रहे न रहे

80 दो दिल
1965

काँटों में फँसा आँचल
ज़ुल्फ़ों में फँसा ये दिल
हो गई मुश्किल
एक जाल में दो पंछी
और दोनों हुए घायल
हो गई मुश्किल

घड़ी-घड़ी गुस्सा भी है
झुकी-झुकी नज़रों में
घड़ी-घड़ी रार भी है
ज़रा-ज़रा प्यार भी
सूरत है बड़ी भोली
अंदाज़ बड़े क़ातिल
हो गई मुश्किल
काँटों में फँसा...

नए-नए अरमाँ जागे रहा नहीं जाए
जवाँ-जवाँ जादू तेरा सहा नहीं जाए
बेताब तमन्नाएँ
कहती हैं गले तू मिल
हो गई मुश्किल
काँटों में फँसा...

अरे-अरे दिल को लेके चली कहाँ गोरी रे
खुली तेरी घातें सारी खुली तेरी चोरी रे
ले बोल उठे घुँघरू
ले बजने लगी पायल
हो गई मुश्किल
काँटों में फँसा...

81 दो दिल
1965

सारा मोरा कजरा छुड़ाया तूने
गरवा से कैसे लगाया तूने
हो रसिया मन बसिया
तीखा-तीखा कजरा लगाया तूने
काहे को जादू जगाया तूने
ओ सजनी सुख-रजनी
सारा मोरा कजरा...

तूने प्यास जगा दी नई आग लगा दी
मेरा अंग-अंग जला जाए
ज़रा नैना मिला ले लगी दिल की बुझा ले
तेरे संग-संग कोई आए
तेरा रूप सहा नहीं जाए
सारा मोरा कजरा...

कहे सारा ज़माना, मुझे तेरा दीवाना
सदा हार-हार तुझे चाहूँ
मेरी प्रीत पुरानी हुई तेरी दीवानी
जिया बार-बार तुझे चाहूँ
तेरे संग में मजा मुझे आए
सारा मोरा कजरा...

मेरे नैन नशीले, मेरे होंठ रसीले
जिया झूम-झूम मेरा गाए
ये फ़िज़ा भी शराबी ये हवा भी शराबी
तुझे चूम-चूमकर इधर आए
मुझे दूर कहीं लिये जाए
सारा मोरा कजरा...

82 दो दिल
1965

बम-बबम-बम-बम लहरी
लहर-लहर नदिया गहरी
रास चला लो मौज उड़ा लो
आज ब्रज में होली है
लाल गुलाल मला है तन पर
मुँह में भाँग की गोली है
चाहे चंचल चाहे चतुर
चाहे कोई भोली है
उस पर उस पर रंग पड़ेगा
कोरी जिसकी चोली है

बनवारी न मारो न मारो पिचकारी
पइयाँ पड़ूँ करूँ बिनती हजार
लहँगा भिगोया दुपट्टा भिगोया
भीगे न रेशम की चोली बहार
पइयाँ पड़ूँ करूँ बिनती हजार
बनवारी न मारो...

होके यूँ नार चले नटखट गुजरिया
पल-भर टिके नहीं सर पर चुनरिया
नखरे हजार करे बाली उमरिया
दिलवा के पार हुई जुल्मी नजरिया

बइयाँ मरोरी कलइया मरोरी
अहिरा में तोड़ी रे जोड़ी हमार
पइयाँ पड़ूँ करूँ बिनती हजार
बनवारी न मारो...

83 दो दिल
1965

मन मोरा नाचे तन मोरा नाचे
छुनन-छुनन-छुनन-छुनन-छुनन बाजे घुँघरू
पी मोरे धाए अँगना में आए
छुनन... बाजे घुँघरू

झोंका हवा का आए
मोरा चोरी से घूँघट उठाए
जिया धक-धक करे घबराए
कहीं चोरी पकड़ी न जाए
कहाँ छिपूँ हाय सखी कहाँ छिपूँ हाय
माने न माने न माने न माने
मन मोरा नाचे...

छिपी बैठी थी पनघट पे नारी
लगी धोखे से मन में कटारी
पिया जी से बुलाऊँगी हारी
ज़रा आने तो दो मेरी बारी
सुनो सखी प्यारी
वह जाने न जाने न जाने न जाने
मन मोरा नाचे...

84 दो दिल
1965

राम-राम जपना पराया माल अपना
प्यार में देखा हमने ये सपना

चाहे रूठो चाहे मानो कहते हैं मन लगती
हम ने तुम्हारे जीजाजी से सीखी बगुला भगती
और का हिस्सा आप हड़पना
राम-राम जपना...

पहले भोजन बाद में दर्शन वह भी चोरी-चोरी
आँख जो जोड़ी दिल जो तोड़ा, पाप पड़ेगा गोरी
खेल नहीं है मन का कलपना
राम-राम जपना...

चंचल नैना चाल में मस्ती जैसे हिरनी डोले
जोगी है अब जाने वाला तू भी पीछे होले
कब तक मन की आग में तपना
राम-राम जपना...

85 फ़रार 1965

प्यार की दास्ताँ तुम सुनो तो कहें
क्या करेगा सुनके जहाँ, तुम सुनो तो कहें

दो दिलों के मिलने से सौ दिये जल जाते हैं
आरज़ू की मंज़िल तक रास्ते सब आते हैं
हम कहाँ से आए कहाँ, तुम सुनो तो कहें

बस यही तो पूछा था एक दिन कुछ शरमाके
क्यों गगन यूँ मिलता है इस ज़मीं से घबराके
हो गए कब अरमाँ जवाँ, तुम सुनो तो कहें

86

फ़रार
1965

लोग पीते हैं, लड़खड़ाते हैं
दिल से दुनिया का ग़म मिटाते हैं
एक हम हैं कि तेरी महफ़िल में
प्यासे आते हैं, प्यासे जाते हैं

ख़ुश हैं सब और .ख़ुशी नहीं मिलती
ज़िंदा हैं, ज़िंदगी नहीं मिलती
जल रहे हैं चिराग़ उमीदों के
और कहीं रौशनी नहीं मिलती
रौशनी का फ़रेब खाते हैं
प्यासे आते हैं, प्यासे जाते हैं
लोग पीते हैं, लड़खड़ाते हैं

महकी-महकी हुई फ़ज़ा को सलाम
बहकी-बहकी हुई हवा को सलाम
इन बहारों में तो मिली है ख़िजाँ
इन बहारों की हर अदा को सलाम
जिनमें सौ ज़ख़्म मुस्कुराते हैं
प्यासे आते हैं, प्यासे जाते हैं
लोग पीते हैं, लड़खड़ाते हैं

87 फ़रार
1965

दिले-नादाँ को सँभालूँ तो चले जाइएगा
इक ज़रा होश में आ लूँ तो चले जाइएगा

अभी राहों में अँधेरा ही अँधेरा होगा
और अँधेरों में छुपा कोई लुटेरा होगा
हर तरफ़ दीप जला लूँ तो चले जाइएगा

जान-पहचान, मुलाक़ात हुई, ख़ूब हुआ
मेरी दुनिया में नई बात हुई, ख़ूब हुआ
बात से बात बना लूँ तो चले जाइएगा

रोक लूँ आपको दिल में, नहीं अरमाँ ऐसे
मेरी दुनिया में कहाँ आए हैं मेहमाँ ऐसे
अपनी दुनिया को सजा लूँ तो चले जाइएगा

88

फ़रार
1965

मेरा क़ातिल हसीं क़ातिल जवाँ क़ातिल है
वहीं हम भी वहीं दिल भी जहाँ क़ातिल है

इधर आजा उतारूँ मैं तुझे आँखों में
कोई जाने न पहचाने कहाँ क़ातिल है

आधी रात है मुलाक़ात है चले साथ हैं
तुझे डर किसका तुझे डर किसका
कभी प्यार देखा कभी राज़ देखा हर बार देखा
तेरा क्या कहना तेरा क्या कहना
मेरा क़ातिल...

89 उसकी कहानी
1966

आज की काली घटा, मस्त मतवाली घटा
मुझसे कहती है कि प्यासा है कोई
कौन प्यासा है, मुझे क्या मालूम
आज की काली घटा...

प्यार के नाम से जी डरता है
किसी इल्ज़ाम से जी डरता है
शौक़-ए-बदन से जी डरता है
मीठी नज़रों में समाया है कोई
क्यूँ समाया है, मुझे क्या मालूम
आज की काली घटा...

प्यासी आँखों में मुहब्बत लेके
लड़खड़ा जाने की दावत लेके
मुझसे बेवजह शिकायत लेके
दिल की दहलीज़ तक आया है कोई
कौन आया है, मुझे क्या मालूम
आज की काली घटा...

कुछ मज़ा आने लगा जीने में
जाग उठा दर्द कोई सीने में
मेरे एहसास के आईने में
एक साया नज़र आता है कोई
किसका साया है, मुझे क्या मालूम
आज की काली घटा...

90 आख़िरी ख़त
1966

बहारो, मेरा जीवन भी सँवारो
कोई आए कहीं से यूँ पुकारो
बहारो, मेरा जीवन भी सँवारो

तुम्हीं से दिल ने सीखा है तड़पना
तुम्हीं को दोष दूँगी, ऐ नज़ारो
बहारो, मेरा जीवन भी सँवारो

रचाओ कोई कजरा, लाओ गजरा
लचकती डालियो, तुम फूल वारो
बहारो, मेरा जीवन भी सँवारो

लगाओ मेरे इन हाथों में मेहँदी
सजाओ माँग मेरी, या सिधारो
बहारो, मेरा जीवन भी सँवारो

न जाने किसका साया दिल से गुज़रा
ज़रा आवाज देना, राज़दारो[1]
बहारो, मेरा जीवन भी सँवारो

---

1. भेद जानने वाले

91 आख़िरी ख़त
1966

मेरे चंदा, मेरे नन्हे
तुझे अपने सीने में कैसे लगाऊँ
सूनी गोदी में कैसे उठाऊँ
मेरे चंदा, मेरे नन्हे

छुप गए लाड़ले आँचल में
रात परियों का पैग़ाम लाई
किस तरह सो गया तू अकेला
किस तरह बिन मेरे नींद आई
मेरे चंदा, मेरे नन्हे

तेरे सपनों में आ गई मैं
अपनी मजबूरियाँ क्या बताऊँ
बूँद भी तन में बाक़ी नहीं है
भूख तेरी मैं कैसे मिटाऊँ
मेरे चंदा, मेरे नन्हे

आदमी भी है, भगवान भी है
फिर भी फिरता है तू बे-सहारा
कौन तुझको गले से लगाए
पत्थरों का है यह शहर सारा
मेरे चंदा, मेरे नन्हे

दूर जाना है नन्हे मुसाफ़िर
रास्ते में कहीं थक न जाना
थामकर मेरी आहों की डोरी
ढूँढ़ ले तू ही अपना ठिकाना
मेरे चंदा, मेरे नन्हे

92 आख़िरी ख़त
1966

रुत जवाँ-जवाँ, रात मेहरबाँ, छेड़ो कोई दास्ताँ
कुछ झुकी-झुकी ये नज़र कहे, कुछ छुपा-छुपा-सा डर कहे
जो कहे वो रात-भर कहे, फिर भी न हो कुछ बयाँ

हुस्न की शिकायतें बजा, है इधर तड़प उधर गिला[1]
ख़ामुशी[2] है दर्द की सदा, आँखें बनी हैं ज़ुबाँ

ग़म ख़ुशी-ख़ुशी छुपा लिया, दर्द को भी दिल बना लिया
ज़िंदगी ने आज़मा लिया, तुम तो न लो इम्तहाँ
रुत जवाँ-जवाँ, रात मेहरबाँ, छेड़ो कोई दास्ताँ

1. शिकायत 2. ख़ामोशी

93 अनुपमा
1966

धीरे-धीरे मचल, ऐ दिले-बेक़रार, कोई आता है
यूँ तड़पके न तड़पा मुझे बार-बार, कोई आता है

उसके दामन की ख़ुशबू हवाओं में है
उसके क़दमों की आहट फ़ज़ाओं में है
मुझको करने दे, करने दे सोलह सिंगार
कोई आता है

मुझको छूने लगीं उसकी परछाइयाँ
दिल के नज़दीक बजती हैं शहनाइयाँ
मेरे सपनों के आँगन में गाता है प्यार
कोई आता है

रूठकर पहले जी-भर सताऊँगी मैं
जब मनाएगा वो, मान जाऊँगी मैं
दिल पे रहता है ऐसे में कब इख़्तियार
कोई आता है

94

अनुपमा
1966

कुछ दिल ने कहा, कुछ भी नहीं
कुछ दिल ने सुना, कुछ भी नहीं
ऐसे भी बातें होती हैं

लेता है दिल अँगड़ाइयाँ, इस दिल को समझाए कोई
अरमाँ न आँखें खोल दे, रुस्वा[1] न हो जाए कोई
पलकों की ठंडी सेज पर सपनों की परियाँ सोती हैं
ऐसे भी बातें होती हैं...

झूठी चमक, झूठा निखार, जीवन तो सूना ही रहा
समझे सब आई है बहार,
कलियों से कोई पूछता हँसती हैं या रोती हैं
ऐसे भी बातें होती हैं...

1. बदनाम

95 अनुपमा
1966

या दिल की सुनो, दुनियावालो
या मुझको अभी चुप रहने दो
मैं ग़म को .ख़ुशी कैसे कह दूँ
जो कहते हैं उनको कहने दो

ये फूल चमन में कैसा खिला
माली की नज़र में प्यार नहीं
हँसते हुए क्या-क्या देख लिया
अब बहते हैं आँसू बहने दो

इक ख़्वाब .ख़ुशी का देखा नहीं
देखा जो कभी तो भूल गए
माँगा हुआ तुम कुछ दे न सके
जो तुमने दिया, वो सहने दो

क्या दर्द किसी का लेगा कोई
इतना तो किसी में दर्द नहीं
बहते हुए आँसू और बहें
अब ऐसी तसल्ली रहने दो

96

अनुपमा
1966

क्यों मुझे इतनी .ख़ुशी दे दी
कि घबराता है दिल
कहीं मचल न जाऊँ
कहीं फिसल न जाऊँ
क्यों मुझे इतनी...

एक मैं हूँ और बहारें बेशुमार
हो न जाए आज आँचल तार-तार
धक से हो जाता है मेरा दिल
जो इतराता है दिल
क्यों मुझे इतनी...

खिल गई हूँ अपनी सूरत देखकर
लग न जाए मुझको मेरी ही नज़र
.ख़ुद आ जाता है दिल
क्यों मुझे...

ज़िंदगी बेताब है मेरे लिए
प्यार रंगीं ख़्वाब है मेरे लिए
सब बहक जाते हैं जाने क्यों
जो बहकाता है दिल

97 अनुपमा
1966

भीगी भीगी फ़िज़ा
सन सन सनके जिया
ज़ुल्फ़ें उड़ाती है
ख़ुशबू चुराती है
पागल चंचल मस्त हवा
भीगी-भीगी...

कोयल बन में बोले
नस-नस में रस घोले
कोई हँस-हँस जैसे घूँघट
चोरी-चोरी खोले
कोई आया नहीं
भाया नहीं
किसका साया साथ चला
भीगी-भीगी...

पल-पल झोंका खाए
आँचल सरका जाए
तन-मन मेरा जीवन मेरा
धीरे-धीरे गाए
देखो-देखो हँसी
दिल की कली
दिल में कैसा दर्द उठा
भीगी-भीगी...

हँसते हैं दीवाने
बनते हैं अफ़साने
दिल की बातें
दिल की घातें
कैसे कोई जाने
मुझे रोको नहीं टोको नहीं
मैंने रस्ता ढूँढ़ लिया
भीगी-भीगी...

98 बहारें फिर भी आएँगी
1966

बदल जाए अगर माली
चमन होता नहीं ख़ाली
बहारें फिर भी आती हैं
बहारें फिर भी आएँगी
बदल जाए...

थकन कैसी घुटन कैसी
चल अपनी धुन में दीवाने
खिला ले फूल काँटों में
सजा ले अपने वीराने
हवाएँ आग भड़काएँ
फ़ज़ाएँ ज़हर बरसाएँ
बहारें फिर भी...

अँधेरे क्या उजाले क्या
न ये अपने न वो अपने
तेरे काम आएँगे प्यारे
तेरे अरमाँ तेरे सपने
ज़माना तुझ से हो बरहम[1]
न आएँ राह पर मौसम
बहारें फिर भी...

1. नाराज़

99 घर का चिराग़
1967

ऐ महलों में रहनेवालो, महलों से कभी निकलते हो
देखे हैं कभी उनके आँसू, ठुकराके जिन्हें तुम चलते हो

कम से कम इनसाँ समझो इन क़िस्मत के मारों को
आहें छलनी कर देंगी सोने की दीवारों को
पत्थर के दिल भी बदल डालो, कपड़े जैसे बदलते हो
ऐ महलों में रहनेवालो

निर्धन कैसे जीते हैं, यह तुम कैसे जानोगे
अपना दिल जब टूटेगा सबका ग़म पहचानोगे
काँटों पर भी चलो इक दिन, फूलों पर तो मचलते हो
ऐ महलों में रहनेवालो

जिसके सपने छीने हैं, उसको मीठे सपने दो
जिसके अरमाँ लूटे हैं, उसको अरमाँ अपने दो
कुछ करके दिखलाओ तुम, बैठे हाथ ही मलते हो
ऐ महलों में रहनेवालो

100 घर का चिराग़
1967

आज रोता है क्यों, जान खोता है क्यों

जुल्म ढाता रहा, मुस्कराता रहा
जाल हर रास्ते में बिछाता रहा
फँस गया .खुद तो बेचैन होता है क्यों
आज रोता है क्यों

फूल तेरे भी खिलने न पाएँ
बद्दुआ दी है बाग़ों ने तुझको
भर दिया ज़िंदगी में अँधेरा
यह सज़ा दी चिराग़ों ने तुझको
तू जो हर रोशनी को बुझाता रहा
फँस गया .खुद तो बेचैन होता है क्यों
आज रोता है क्यों

रहम की भीख दुनिया न देगी
तुझको दुनिया पे कब रहम आया
पड़ गया जिस पे साया भी तेरा
दिल कभी वो धड़कने न पाया
हँसने वालों को रोना सिखाता रहा
जाल हर रास्ते में बिछाता रहा
फँस गया .खुद तो बेचैन होता है क्यों
आज रोता है क्यों

तुझसे पहले भी गुज़रे हैं ज़ालिम
उनका अंजाम सोचा तो होता
कैसे-कैसे तू फ़ित्ने उठाता रहा
जाल हर रास्ते में बिछाता रहा
फँस गया .खुद तो बेचैन होता है क्यों
आज रोता है क्यों

तुझको भगवान ठुकरा चुका है
देगा शैतान भी क्या सहारा

तुझको शैतान ठुकरा चुका है
जिसके क़दमों में तू सर झुकाता रहा
जाल हर रास्ते में बिछाता रहा
फँस गया ख़ुद तो बेचैन होता है क्यों
आज रोता है क्यों

101 घर का चिराग़
1967

जाने मेरा चंदा खोया है कहाँ
गोदी मेरी सूनी, खोया है कहाँ
मेरी आस आ जा, मेरे पास आ जा

उसने कोई ममता में पाई कमी
या है मेरी क़िस्मत ही इतनी बुरी
माँगी है मैंने ज्योति, पाया है धुआँ
जाने मेरा चंदा खोया है कहाँ

नन्हे तारों, तुमने क्या उसको देखा है
प्यारी-प्यारी आँखें, गोरा मुखड़ा है
सीना उसके बापू का, माथा मेरा है
भोली-भोली बातें, मीठी है ज़ुबाँ
जाने मेरा चंदा खोया है कहाँ

अंधे नगर, तू उसकी सुना दे सदा
गूँगे गगन, उसका बता दे पता
गली-गली ढूँढ़ा, पाया ना निशाँ
जाने मेरा चंदा खोया है कहाँ

102 नौनिहाल
1967

तुम्हारी ज़ुल्फ़ के साए में शाम कर लूँगा
सफ़र इक उम्र का पल में तमाम कर लूँगा

नज़र मिलाई तो पूछूँगा इश्क़ का अंजाम
नज़र झुकाई तो ख़ाली सलाम कर लूँगा

जहाने-दिल पे हुकूमत तुम्हें मुबारक हो
रही शिकस्त तो वह अपने नाम कर लूँगा

तुम्हारी ज़ुल्फ़ के साए में शाम कर लूँगा
सफ़र इक उम्र का पल में तमाम कर लूँगा

103 नौनिहाल
1967

ना रे बाबा, ना रे बाबू
ना रे बाबा, ना रे बाबू
कोई भीख न दो हमें प्यार चाहिए
अरमानों का संसार चाहिए
ना रे बाबा, ना रे बाबू
ना रे बाबा, ना रे बाबू

धनवालों का अरमान नहीं हैं,
हम धनवालों का अरमान नहीं हैं
लेकिन क्या हम इनसान नहीं हैं
दर-दर भटकें, ठोकर खाएँ
पल-भर बैठें दम ले लें
जिसके ठंडे साए में
हम मतवाले होकर खेलें
एक ऐसी भी दीवार चाहिए
कोई भीख न दो हमें प्यार चाहिए

बिखरे मोती कोई उठा ले
दे दे दिल को, दिल के उजाले
जिन आँखों में अँधियारा है
भर दो उनमें उम्मीदें
अपनी दुनिया में भी ऐसी
आएँ कुछ हँसती-गाती ईदें
इक अपना भी त्योहार चाहिए
कोई भीख न दो हमें प्यार चाहिए

मजबूरी को अपना लो
दिल रखती हो दिल में बसा लो
जलते-तपते रस्ते सारे और अंधी सारी गलियाँ
मुरझाती हैं, कुम्हलाती हैं, बिन महके नन्ही कलियाँ
खिल सकती हैं, गुलज़ार चाहिए
कोई भीख न दो हमें प्यार चाहिए

104 नौनिहाल
1967

पत्थर के भगवान, पिघल जा, आज पिघलना होगा
मैं तो जल-जल राख हुई, अब तुझको भी जलना होगा

मेरा जलना कोई जलना, जैसे गीला ईंधन
जिस दिन तू जल जाएगा मालिक, दुनिया होगी रौशन
बीते चाहे रात न बीते दिन को निकलना होगा
पत्थर के भगवान पिघल जा, आज पिघलना होगा

चलते-फिरते साए हज़ारों, हर साया बेगाना
मंज़िल भी मालूम नहीं है, रस्ता भी अनजाना
मैं भी अंधी तू भी अंधा साथ ही चलना होगा

पत्थर के भगवान पिघल जा, आज पिघलना होगा
मैं तो जल-जल राख हुई, अब तुझको भी जलना होगा

105 नौनिहाल
1967

मेरी आवाज़ सुनो, प्यार का राज़ सुनो

मैंने इक फूल जो सीने पे सजा रखा था
उसके परदे में तुम्हें दिल से लगा रखा था
था जुदा सबसे मेरे इश्क़ का अंदाज़ सुनो
मेरी आवाज़ सुनो, प्यार का राज़ सुनो

ज़िंदगी-भर मुझे नफ़रत-सी रही अश्कों से
मेरे ख़्वाबों को तुम अश्कों में डुबोते क्यों हो
जो मेरी तरह जिया करते हैं कब मरते हैं
थक गया हूँ, मुझे सो लेने दो, रोते क्यों हो
सोके भी जागते ही रहते हैं, जाँबाज़, सुनो
मेरी आवाज़ सुनो, प्यार का राज़ सुनो

मेरी दुनिया में न पूरब है न पश्चिम कोई
सारे इनसान सिमट आए खुली बाँहों में
कल भटकता था मैं जिन राहों में तनहा-तनहा
क़ाफ़िले कितने मिले आज उन्हीं राहों में
और सब निकले मेरे हमदर्द-ओ-हमराज़ सुनो
मेरी आवाज़ सुनो, प्यार का राज़ सुनो

नौनिहाल आते हैं, अर्थी को किनारे कर लो
मैं जहाँ था, इन्हें जाना है वहाँ से आगे
आसमाँ इनका, ज़मीं इनकी, ज़माना इनका
हैं कई इनके जहाँ, गैर जहाँ से आगे
इन्हें कलियाँ न कहो, ये हैं चमनसाज़, सुनो
मेरी आवाज़ सुनो, प्यार का राज़ सुनो

क्यों सँवारी है यह चंदन की चिता मेरे लिए
मैं कोई जिस्म नहीं हूँ कि जला दोगे मुझे
राख के साथ बिखर जाऊँगा मैं दुनिया में
तुम जहाँ खाओगे ठोकर वहीं पाओगे मुझे
हर क़दम पर है नए मोड़ का आग़ाज़, सुनो
मेरी आवाज़ सुनो, प्यार का राज़ सुनो

106 नौनिहाल
1967

आहा-आहा-आहा छुट्टी आ गई
ढोल बजाएँगे .खुशियाँ मनाएँगे धूम मचाएँगे
वाह-वाह-वाह-वाह

इसने रटाया कुछ उसने रटाया
ये भी पढ़ाया और वो भी पढ़ाया
पेपर पे बाग़ों का नक़्शा दिखाया
लेकिन हवा का इक झोंका भी न आया
बाग़ों में जाएँगे लट्टू नचाएँगे पेंच लड़ाएँगे
वाह-वाह-वाह-वाह
आहा-आहा-आहा...

पढ़ रहे हैं हिस्ट्री जो
जो हिस्ट्री अपनी नहीं
ढूँढ़ते हैं रौशनी और
बैट्री अपनी नहीं
हम तो उसके हो गए
ज्योमेट्री अपनी नहीं
जिसको पा के पास हो
यह विस्ट्री अपनी नहीं
बॉल उड़ाएँगे गोल बनाएँगे
जीत के आएँगे वाह-वाह-वाह
आहा-आहा-आहा...

फिरता है आँखों में घर का नज़ारा
छत भी है प्यारी आँगन भी प्यारा
नन्हा मुन्ना-मुन्ना भाई हमारा
जाके खिलाएँगे उसी को दुबारा
डैडी अब आएँगे मम्मी को लाएँगे
हमें ले जाएँगे वाह-वाह-वाह-वाह
आहा-आहा-आहा...

107 नौनिहाल
1967

रूप के पुजारियों हुस्न के भिखारियों
आओ-आओ-आओ
गोरे गालों की भीख ले लो
काले बालों की भीख ले लो

मुझसे तुमको प्यार है
तुमसे मुझको प्यार
छोटी-सी इक बात पर
काहे की तकरार
रात मिलन की जो सजन बीत जाएगी
दिल न जवानी न किसी काम आएगी
तुमने तड़पा दिया
हाथ फैला दिया
ये न कहा कभी
हमने ठुकरा दिया
ले लो ले लो ले लो गोरे गालों की भीख ले लो

मस्ती मेरी आँख में
लाली होंठों पर
देखो मैंने रूप क्या
पाया है दिलबर
दर से सवाली जो कोई लौट जाएगा
दर्द भरे दिल को कहाँ चैन आएगा
जाम छलका दिया
रस बरसा दिया
देख लो प्यार में
दान क्या-क्या दिया
ले लो ले लो ले लो गोरे गालों की भीख ले लो

परियों जैसे बाल हैं
हिरनी जैसी चाल
जाने कैसा आज है
मेरे जी का हाल

दिल की तड़प दिल की सदा जान जाऊँगी
आज कहो आज कहा मान जाऊँगी
रोज़ तकरार क्या
जीत क्या हार क्या
जो बुझा दे न प्यास
वह मेरा प्यार क्या
ले लो ले लो ले लो गोरे गालों की भीख

108 अनोखी रात
1968

मिले न फूल तो काँटों से दोस्ती कर ली
किसी तरह से बसर हमने ज़िंदगी कर ली

अब आगे जो भी हो अंजाम देखा जाएगा
.ख़ुदा तलाश लिया और बंदगी कर ली

नज़र मिली भी न थी और उनको देख लिया
ज़ुबाँ खुली भी न थी और बात भी कर ली

वो जिनको प्यार है चाँदी से, इश्क़ सोने से
वही कहेंगे कभी हमने .ख़ुदकशी कर ली

109 सात हिंदुस्तानी
1969

आँधी आए कि तूफ़ान कोई ग़म नहीं, है यही आख़री इम्तहाँ साथियो
इक तरफ़ मौत है, इक तरफ़ ज़िंदगी, बीच से ले चलो कारवाँ साथियो
फूट का, दुश्मनी का अँधेरा भी है
हर क़दम पर ग़रीबी का डेरा भी है
सिर्फ़ रातें हमारी नहीं हैं सियाह
धुँधला-धुँधला-सा अपना सवेरा भी है
जैसे शोला भड़कता है भड़को कभी, होता जाता है गहरा धुआँ साथियो
इक तरफ़ मौत है, इक तरफ़ ज़िंदगी, बीच से ले चलो कारवाँ साथियो
अपना सहरा भी एक, अपना गुलशन भी एक
अपने काँटे भी एक, अपना दामन भी एक
एक दिल में मचलते हैं अरमाँ कई
दिल मगर एक है, दिल की धड़कन भी एक
फूल तो फूल, काँटों पे आए निखार, यूँ सजाओ नया गुलसिताँ साथियो
इक तरफ़ मौत है, इक तरफ़ ज़िंदगी, बीच से ले चलो कारवाँ साथियो
फ़ासले सब दिलों के मिटाते चलो
अपने सीने से सबको लगाते चलो
एक क्यारी को कहता नहीं कोई बाग़
फूल हर रंग के तुम खिलाते चलो
इस मुहब्बत से दुनिया को आवाज़ दो, चल पड़े साथ सारा जहाँ साथियो
इक तरफ़ मौत है, इक तरफ़ ज़िंदगी, बीच से ले चलो कारवाँ साथियो

110 सात हिंदुस्तानी
1969

ज़ुल्म हद से बढ़ेगा तो घट जाएगा
अपनी तलवार से आप कट जाएगा
रंग लाएगा नन्ही कली का लहू, इंतज़ार, ऐ जवाँ साथियो

यूँ बढ़ो जैसे लहराके धारा बढ़े
ठोकरें खाए तो दिल हमारा बढ़े
इस तरह जमके तूफ़ाँ में रखो क़दम
के क़दम चूमने को किनारा बढ़े

बढ़ के मंजिल का सुख चैन बन जाएगी, रास्ते की ये कठिनाइयाँ साथियो
आँधी आए कि तूफ़ाँ कोई ग़म नहीं, है यही आख़री इम्तहाँ साथियो

अजनबी मोड़, काँटों-भरी रहगुज़र
जाल नफ़रत के फैले हैं, देखो जिधर
चुप रहोगे तो बढ़ जाएँगी दूरियाँ
बात करने से आसान होगा सफ़र

जिस ज़बाँ में सुनाओ, सुनाओ आज तुम प्यार की दास्ताँ साथियो

क़त्ल-ओ-ग़ारत से हम प्यार करते नहीं
ठंडी लाशों का व्योपार करते नहीं
जिसका जो भी वतन है मुबारक उसे
हम कभी सरहदें पार करते नहीं

है यह धरती हमारी तो लहराएँगे, अपनी धरती पे अपना निशाँ साथियो

एक मंज़िल पे सबकी निगाहें रहें
हाथ में हाथ, बाँहों में बाँहें रहें
ये मेरा घो तेरा है, ये तक़सीम क्यों
अपना घर है, जहाँ चाहें रहें
सरहदों और ज़ुबानों की तक़रार में, गुम न हो जाए हिंदोस्ताँ साथियो

111 सत्यकाम
1969

दो दिन की ज़िंदगी, कैसी है कोई न ये जाने ज़िंदगी
भीतर अँधेरा है, बाहर है रोशनी
देखें न परवाने

अरमा की बस्ती जाने कैसी है बस्ती
उतनी ही सूनी, जितनी छाई है मस्ती
नज़रों में बाँकपन, आँखों में सौ चमन
सीने में वीराने

पहले तो क्या-क्या सपने दिखलाए दुनिया
फिर .खुद ही टूटा सपना बन जाए दुनिया
दुनिया की चाह के, नग़मों की आह के
झूठे हैं अफ़साने

फूलों ने देखा खिलके मुरझाना दिल का
तारों ने देखा जलके बुझ जाना दिल का
थे कल जो मेहरबाँ, थे कल जो राजदाँ
निकले वो बेगाने

112 सत्यकाम
1969

अभी क्या सुनोगे, सुना तो हँसोगे
कि है गीत अधूरा, तराना अधूरा
जो तुम चुप रहोगे, जो कुछ ना कहोगे
रहेगा सदा यह फ़साना अधूरा

ज़माने से जो मैंने सीखा
नहीं कुछ भी वो मेरे काम का
सिखा दो जो तुग गीत मेरे
मुझे नग़मा इक अपने नाम का
सजे सुबह चेहरा खिले शाम का

क़रीब आके भी दूर रहना
तुम्हीं जानो है इसमें राज़ क्या
जो कुछ है तो है नाज़ तुम पर
करूँ अपने दिल पे मैं नाज़ क्या
सदा मेरी क्या है, मेरा साज़ क्या

किसी का न हो जिस पे साया
मुझे ऐसे दिन ऐसी रात दो
मैं मंज़िल तो ख़ुद ढूँढ़ लूँगी,
मेरे हाथों में अपना हाथ दो
क़दम-दो क़दम तुम मेरा साथ दो

113 सात फेरे
1970

तुमसे दिल क़ी तो कोई बात नहीं होती है
ये मुलाक़ात, मुलाक़ात नहीं होती है
तुम्हें मैंने चाहा है, कब चाहा तुमने
तुम्हीं मेरी दुनिया हो, कभी जाना तुमने
कभी झुकके नज़रों में कुछ देखा तुमने
ग़म तो साथ खुशी साथ नहीं होती है

इन्हीं क़ातिल आँखों के हैं एहसान क्या-क्या
मेरे रुसवा होने के हैं सामान क्या-क्या
कहूँ कैसे लाया है दिल अरमाँ क्या-क्या
सूनी बारात तो बारात नहीं होती है
तुमसे दिल...

114 दग़ाबाज़
1970

चाँद भी है सितारे भी हैं बज़्म में
जाने क्या राज़ है क्यों उजाला नहीं
छेड़ीं मैंने दिल की ये बातें कहाँ
दिल की बातें कोई सुननेवाला नहीं

देख के मुझ को मुँह फेर लेते हैं सब
मेरा चेहरा ग़रीबी का है इश्तेहार
अपने सर पर चिताएँ अपनी रखे हुए
ठोकरें खाईं दुनिया के आगे हज़ार
और किसी ने बढ़ के सँभाला नहीं
दिल की बातें...

रात ढलती रही जश्न होता रहा
लोग हँसते रहे कोई रोता रहा
शुक्रिया किस ज़ुबाँ से अदा कीजिए
दिल में काँटा ज़माना चुभोता रहा
मुझको महफ़िल से लेकिन निकाला नहीं
दिल की बातें...

115 हमारा अधिकार
1970

अब क्या होगा भगवान, तेरे संसार का
इंसान पुजारी बन गया अधिकार का

अपनी ग़रज़ के बंदे, कोई फ़र्ज़ न अपना जाने
भूली है यह दुनिया रिश्ता सच्चे प्यार का

जो घर का बनाने वाला, वही छोड़के घर को जाए
जो फूलों का है रखवाला, वही फूल न छूने पाए
वह ढूँढ़े साया और किस दीवार का

जो प्यार लुटाने आया, उसे चोर बनाए दुनिया
जो दाग़ मिटाने आया, उसे दाग़ लगाए दुनिया
मतलब ही न समझे कोई यहाँ उपकार का

मिल सकी न अपने पी से मरते-मरते भी सुहागिन
क़िस्मत ने भी आँखें फेरीं, बिन मौत मरी है अभागिन
दिल में लिये अरमाँ बेटे के दीदार का

जाँ फ़र्ज़ पे उसने गँवाई थी, जिसका एक सहारा
तूफ़ाँ में है जीवन नैया, और आए नज़र न किनारा
मझधार में दामन छूटा खेवनहार का
अब क्या होगा, भगवान तेरे संसार का

116 हमारा अधिकार
1970

भैया मेरा लाया, हो लाया तारा तोड़के
चला आया कोई, नैहर की गलियाँ छोड़के

छम से बजे घुँघरू, गूँजे शहनाई
सपनों की दुनिया महके, महके अँगनाई
आई मेरी भाभी, फूलों की चुनरी ओढ़के
नैहर की गलियाँ छोड़के

जिसको चमन चाहे उसकी बहारें
सुबहें निखारें उसको शामें सँवारें
खिला रूप देखो बलमा से नयना जोड़ के
नैहर की गलियाँ छोड़के

कैसे लगी दिए की कोई छिपाए
आँखें मिलाए हमसे, आँखें चुराए
चोरी-चोरी गोरी मुस्काए मुख मोड़के
नैहर की गलियाँ छोड़के

117 हमारा अधिकार
1970

मेरे घुँघरू हैं जादू वाले
तू आगे मेरे आना ना

लेके उठी जब अँगड़ाई
बनके धनक मैं लहराई
गोरा-गोरा यह तन गोरा
सखी, कहीं जल जाना ना
तू आगे मेरे आना ना

आते हुए मैं शरमाई
चाहे किसी को ले आई
मैंने रोका बहुत
मैंने टोका बहुत
कहा मेरे दिल ने माना ना
तू मेरे आगे आना ना

118 हीर राँझा
1970

दो दिल टूटे, दो दिल हारे
दुनियावालो, सदक़े तुम्हारे
दो दिल टूटे, दो दिल हारे

देखेगी मुखड़ा अपना अब से जवानी दिल के दाग़ में
बरसेगा कैसे सावन, कैसे पड़ेंगे झूले बाग़ में
बैन करेंगे ख़्वाब कुँआरे
दो दिल टूटे, दो दिल हारे

मैं ना रहूँगी लेकिन गूँजेंगी आहें मेरी गाँव में
अब न खिलेगी सरसों अब न लगेगी मेहँदी पाँवों में
अब न उगेंगे चाँद-सितारे
दो दिल टूटे दो दिल हारे

प्यार तुम्हारा देखा, देखा तुम्हारा आँखें मोड़ना
तोड़ तो डाला दिल को, खेल नहीं है दिल का तोड़ना
तड़पोगे तुम भी साथ हमारे
दो दिल टूटे, दो दिल हारे

119 हीर राँझा
1970

डोली चढ़ते ही हीर ने बैन किए
मुझे ले चले, बाबुल, ले चले
मुझे रोक ले, बाबुल, रोक ले
डोली बैरी कहार ले चले
दो-चार घड़ी भी न चैन पाया
दुख-दर्द मुसीबतें सह चले

मेरा कहा-सुना सब माफ़ करना
कुछ रोज़ तेरे घर रह चले
तुझे, राँझनाँ रब के हवाले किया
हम देस में ज़ालिमों के चले
रही प्यार की झोली, देख ख़ाली
कोई चीज़ भी साथ न ले चले

मेरे बाद ख़बर तेरी कौन लेगा
तेरे भाग में हैं तनहाइयाँ
मुझे और उम्मीद थी, और हुआ
कीं रब ने बेपरवाहियाँ

120 हीर राँझा
1970

ये दुनिया, ये महफ़िल मेरे काम की नहीं

किसको सुनाऊँ हाल दिले-बेक़रार का
बुझता हुआ चराग़ हूँ अपने मज़ार का
ऐ काश, भूल जाऊँ मगर भूलता नहीं
किस धूम से उठा था जनाज़ा बहार का
ये दुनिया, ये महफ़िल मेरे काम की नहीं

अपना पता मिले न ख़बर यार की मिले
दुश्मन को भी न ऐसी सज़ा प्यार की मिले
उनको .खुदा मिले, है .खुदा की जिन्हें तलाश
मुझको बस इक झलक मेरे दिलदार की मिले
ये दुनिया, ये महफ़िल...

सहरा में आके भी मुझको ठिकाना ना मिला
ग़म को भुलाने का कोई बहाना न मिला
दिल तरसे जिसमें प्यार को क्या समझूँ उस संसार को
इक जीती बाज़ी हार के मैं ढूँढूँ-बिछड़े यार को
ये दुनिया, ये महफ़िल...

दूर निगाहों से आँसू बहाता है कोई
कैसे न जाऊँ मैं, मुझको बुलाता है कोई
या टूटे दिल को जोड़ दो या सारे बंधन तोड़ दो
ऐ परबत रस्ता दे मुझे ऐ काँटों दामन छोड़ दो
ये दुनिया, ये महफ़िल...

121 हीर राँझा
1970

तेरे कूचे में तेरा दीवाना
आज दिल खो बैठा

तेरा दीवाना हूँ, इनकार नहीं
कैसे कह दूँ कि मुझे प्यार नहीं
कुछ शरारत तेरी आँखों की भी है
मैं अकेला ही गुनहगार नहीं
तूने माँगा तो दिया नज़राना
तेरे कूचे में तेरा दीवाना

तू नहीं है तो अधूरा-सा नज़र आता हूँ
आज अपने में बहुत तेरी कमी पाता हूँ
मुझको आवारा समझते हैं तेरे गाँव के लोग
तेरी सखियों में मै बदनाम हुआ जाता हूँ
हर ज़ुबाँ पर है मेरा अफ़साना
तेरे कूचे में तेरा दीवाना

मुसकराने की अदा भी क़ातिल
सर झुकाने की अदा भी क़ातिल
इश्क़ की बाँहों में आते-आते
लौट जाने की अदा भी क़ातिल
कैसे क़ातिल से हुआ याराना
तेरे कूचे में तेरा दीवाना

122 हीर राँझा
1970

मिलो न तुम तो हम घबराएँ
मिलो तो आँख चुराएँ
हमें क्या हो गया है

तुम्हीं को दिल का राज़ बताएँ
तुम्ही से राज़ छुपाएँ
हमें क्या हो गया है

ओ भोले साथिया,
देखी जो शोख़ी तेरे प्यार की
आँचल में भर लीं हमने
सारी बहारें संसार की
नई अदा से हम इतराएँ
पाई .ख़ुशी लुटाएँ
हमें क्या हो गया है

रूठे कभी, कभी मान गए
घातें तुम्हारी हम जान गए
ऐसी अदाएँ, क़ुरबान गए
रूठे कभी, कभी मान गए
तुम्हें मनाएँ
दिल बहलाएँ
क्या-क्या नाज़ उठाएँ
हमें क्या हो गया है

ओ सोहने जोगिया, रँग ले हमें भी इसी रंग में
फिर से सुना दे बंसी, कलियाँ खिला दे गोरे अंग में
वही जो तानें आग लगाएँ
उन्हीं से आग बुझाएँ
हमें क्या हो गया है
हमें क्या हो गया है

मिलो न तुम तो हम घबराएँ
मिलो तो आँख चुराएँ
हमें क्या हो गया है

123 हीर राँझा
1970

नाचे अंग वे
छलके रंग वे
लाएगा मेरा देवर
गोरे गालवाली
लम्बे बालवाली
बाँकी चालवाली
नाचे अंग वे...
छलके रंग वे...

बाँके सजन की, दूल्हा दुल्हन की
आई मिलन की रात गोरिए
न जा सेज पे तेरी क्या बात गोरिए
धीरे-धीरे सहेली आँखें खोलना
हौले-हौले उसी की बोली बोलना
लेके हाथ में सजना का हाथ गोरिए
नाचे अंग वे...

फूल चुराके कच्ची कलियाँ चुन के लाऊँ मैं
सेहरा बनाऊँ तेरा माथा सजाऊँ तेरा
हुई दीवानी मैं दीवानी मैं दीवानी
नाचे अंग वे...

124 हीर राँझा
1970

मेरी दुनिया में तुम आईं
क्या-क्या अपने साथ लिये
तन की चाँदी मन का सोना
सपनों वाली रात लिये
मेरी दुनिया...

ढलका आँचल फैला काजल
आँखों में ये रात लिये
कैसे जाऊँ सखियों में अब
तेरी ये सौग़ात लिये
मेरी दुनिया...

सीने की यह धड़कन सुन ले ना कोई
हाय हाय देखे न कोई
न जाओ न जाओ
हटो-हटो डर लगता है
सुनो सुनो
डर लगता है
दिल में कितनी कलियाँ महकीं
कैसे-कैसे फूल खिले
नाज़ुक-नाज़ुक मीठे-मीठे होंठों की ख़ैरात लिये
मेरी दुनिया...

चाँद से कैसे आँखें मिलाऊँ
बाँहों में आओ तुमके बताऊँ
बस भी करो
अब ना डरो रात है ये अपनी
पायल छनके कंगन खनके
मचली जाए जान मेरी
मंज़िल-मंज़िल चलना होगा
हाथों में अब हाथ लिये
मेरी दुनिया में तुम आईं
क्या-क्या अपने साथ लिये

125 माँ का आँचल
1970

माँ है मोहब्बत का नाम
माँ को हज़ारों सलाम
करदे फ़िदा ज़िंदगी
आए जो बच्चों के काम
माँ है....

हँसके उठाए ग़म
बैठे न हार के
पाले ज़माने को
अपने को मार के
भूख मिटाए सदा
प्यास बुझाए सदा
माँगे न क़ीमत न दान
माँ है...

उसके क़दम छूना
दुनिया की शान है
हम को मिला है जो भी
ममता का दान है
बाग़ लगाती है माँ
फूल खिलाती है माँ
विपदा उठाती है माँ
देती है .ख़ुशियाँ तमाम
माँ है....

चाहे भिखारन हो ख़ाली हो हाथ ही
माँ तो रहेगी माँ हो कोई ज़ात भी
ममता की ज़ात तले दीप हज़ारों जले
गोद में उसकी पले सारे ऋषि सब इमाम
माँ है...

126 माँ का आँचल
1970

भँवर में मेरी नय्या कोई न खिवय्या
मैं सारा जग छोड़ के कान्हा
आई तेरे द्वार
भँवर में मेरी नय्या

इत उत भटके दुखियारी ठुकराए दुनिया सारी
तूने तो जहाँ को उतारा क्यों न आई मेरी बारी
खड़ी हूँ हैरान ओ मेरे भगवान
मैं जो हारी तेरी भी हार
मैं सारा जग छोड़ के कान्हा आई तेरे द्वार
भँवर में मेरी नय्या

दामन थामा है तेरा पूजा तेरी जीवन मेरा
दुनिया मेरी सूनी तेरा होगा कब तक फेरा
रहो न अंजान ओ मेरे भगवान
तुम सुन लो मेरी पुकार
भँवर में मेरी नय्या

127 महाराजा 1970

तुमसे बिछड़ के चैन कहाँ हम पाएँगे
होगे जहाँ तुम हम भी वहीं आ जाएँगे
पूछो क्यों
हम ये कहेंगे तुम हो हमारी मंज़िल
तुम से बिछड़ के...

दिल हमें लाया यहाँ हम आ गए
देखकर तुम हमको क्यों घबरा गए
राज़ तुम हम राज़दाँ
साथ जैसे जिस्म-ओ-जाँ
छुप के जाओगे कहाँ
नज़रें चुराओगे, और नज़र हम आएँगे
तुमसे बिछड़ के...

नाम होंठों पर तुम्हारा और दिल में प्यार
बस यही सज-धज यही अपना सिंगार
ज़िंदगी तुम से हसीं
तुम कहीं और हम कहीं
दिल खिलौना तो नहीं
तुम ही बता दो कैसे इसे बहलाएँगे
तुमसे बिछड़ के...

128 महाराजा
1970

मैंने पी ली मेरा दिल किया
मैंने पी ली
और दर्द भी क्या और जाएँ कहाँ
दिल के ज़ख़्म को दिखलाएँ कहाँ
ये बेदर्द ज़माना किसी का न हुआ
मैंने पी ली...

पीने में कोई मज़ा तो नहीं
ये भी है ज़हर दवा तो नहीं
दूर खड़ी रही दुनिया
साथ किसी ने दिया तो नहीं
फिर मुझसे हुई क्या ख़ता
मैंने पी ली...

मेरी .ख़ुशी मैं पियूँ-न पियूँ
मेरी .ख़ुशी मैं जियूँ-न जियूँ
ज़ख़्म दिये हैं जो तुमने
मेरी मर्ज़ी मैं सियूँ-न सियूँ
ये भी जीने की है इक अदा
मैंने पी ली मेरा दिल किया

129 परवाना
1971

पिया की गली, लागे भली, रोको न सखी
जिया बस में नहीं, कहाँ तू चली, बिरहा-जली
देखे न कोई सखी, जाने तू कहाँ चली
आ-आ-आ, पिया की गली

बदरिया घिर-घिर आए, बिजुरी शोर मचाए
मैं तो जाऊँगी, मैं तो जाऊँगी, मैं तो जाऊँगी
सँवरके, बिंदिया लगाके, न जा तू रूप सजाके
छिप गए तारे, रैन ढलत है
सूनी है मोरी सेजरिया,
क्या होगा पिया की गली

रात है काली, बरखा पड़त है
भीगे जो नयनों का कजरा, तो क्या होगा
मस्त पवन है, चुनरी उड़त है
महके जो फूलों का गजरा, तो क्या होगा
छोड़ो-छोड़ो बँहियाँ, रहा न जाए
देखो-देखो कैसे न जाऊँ
देर से मोरी राह तकत है
रूठा जो बाँका सजन, तो क्या होगा

पिया-दिवानी, चुप हो जा रे
पिया की धुन मत गा रे

मैं तो गाऊँगी, काहे को तू रोके, काहे को तू रोके
रहा जो मेरा मन प्यासा, तो क्या होगा

130 परवाना
1971

सिमटी-सी शरमाई-सी, किस दुनिया से तुम आई हो
कैसे जहाँ में समाएगा, इतना हुस्न जो लाई हो

हीरा नज़र, चाँदी बदन, रेशमी मुखड़ा चमन
कंगाल हैं सारे हसीं, बस एक तुम रखती हो धन
लुटने का डर है, घबराई हो

जब तक तुम्हें देखा नहीं, ये दिल भी धड़का नहीं
आए-गए कितने सनम, मैंने मगर पूजा नहीं
तुम दिन की पहली अँगड़ाई हो

आँखें मिलीं, वादा हुआ, कुछ कह दिया, कुछ सुन लिया
ठहरे कहाँ बेताब दिल, कैसे मिले उनका पता
जुल्फ़ों की बदली छाई हो
किस दुनिया से तुम आई हो

131 परवाना
1971

चले लड़खड़ाके, क़दम डगमगा के
नहीं होश हमको, किसी बात का है
होंठों की लाली, पलकों के साए
सागर में तन-मन, डूबा-सा जाए
बाँहों में ले लो हाय,
जुल्फ़ों से खेलो,
फिर रात ऐसी आए, न आए
पिला मुसकराके, निगाहें मिलाके
नहीं हमको डर अब किसी बात का है
तेरे इंतज़ार के सपने देखे हैं क्या-क्या
दिले-बेक़रार में अरमाँ मचलते हैं क्या-क्या
ओ दिलरुबा, आँखें मिला, आँखों से भी थोड़ी पिला
तुम्हें आज पाके, गले से लगा लें
चेहरा गुलाबी, आँखें महताबी
तू भी शराबी, मैं भी शराबी
जितनी हम पिएँ, हाय, प्यास उतनी ही जागे
होके रहेगी दिल की ख़राबी
ये दिन हैं ख़ता के, सज़ा के नहीं

132 परवाना
1971

जिस दिन से मैंने तुमको देखा है
इस दिल में इक सपना-सा जागा है
गर इजाज़त हो तो सुना दूँ
शोख़ी है नज़ाकत है, नज़रों में शरारत है
ऐसा भी शरमाना क्या, कह दो कि मोहब्बत है
कहने की ज़रूरत क्या, बातों की हक़ीक़त क्या
छलके ना निगाहों से ऐसी भी मोहब्बत क्या
कुछ खोया-खोया दिल भी रहता है
कुछ चोरी-चोरी मैंने भी सोचा है
गर इजाज़त हो...
ज़ुल्फ़ों को सँवारा भी, चेहरे को निखारा भी
अब तो दे दो जाने जाँ बाँहों का सहारा भी
मस्ती का ज़माना भी, ख़ुशियों का ख़ज़ाना भी
पाया तो तुम्हें पाया, जीने का बहाना भी
अब दुनिया कितनी रंगीं दुनिया है
इस दिल में एक सपना-सा जागा है
गर इजाज़त हो...
दिल को न सँभालूँ तो, सीने से लगा लूँ तो
होंठों की जो लाली है उसको मैं चुरा लूँ तो
यूँ नज़रें न डालो तुम अपने को सँभालो तुम
देखे न हमें दुनिया सीने में छुपालो तुम
क्या पानी में मुझको डर क्यों लगता है
कुछ चोरी-चोरी मैंने भी सोचा है
गर इजाज़त हो...

133 परवाना
1971

यूँ न शरमा फैला दे अपनी गोरी-गोरी बाँहें
सारी दुनिया से कह दूँगा कि तुझी को हम चाहें
यूँ न शरमा...

काली ज़ुल्फ़ोंवाले
ज़रा ज़ुल्फ़ों को बिखरा दे
मेरी दुनिया को महका दे
इक नशा-सा छाया है
आओ चलें अब न रुकें
खुली हैं दिल की राहें
यूँ न शरमा...

अरे हँसनेवालो
कभी यह भी सोचो
जिन्हें प्यार मिलता नहीं
जीते हैं कैसे
अरे हँसनेवालो...

साथ जिएँ साथ मरें
दिल ने कभी चाहा था
प्यार मिले प्यार करें
ऐसा कभी सोचा था
दिल को किसी ने तोड़ा
अपना बना के छोड़ा
उतना हमें रोना पड़ा
जितना हसीं सपना था
अरे हँसनेवालो...
यूँ न शरमा फैला दे अपनी गोरी-गोरी बाँहें
सारी दुनिया से कह दूँगा

134 पाकीज़ा 1971

चलते-चलते, चलते-चलते
यूँही कोई मिल गया था
सरे राह चलते-चलते
वहीं थमके रह गई है
मेरी रात ढलते-ढलते

जो कही गई न मुझसे
तो ज़माना कह रहा है
ये फ़साना बन गई है
मेरी बात चलते-चलते

शबे - इंतज़ार आख़िर
कभी होगी मुख़्तसर भी
ये चराग़ बुझ रहे हैं
मेरे साथ जलते-जलते
चलते-चलते...

135 साज़ और सनम
1971

न रूठो हमें पास आने भी दो
चलो हम गुनहगार जाने भी दो
नहीं तुम नहीं दिल दिवाना हुआ है
तुम्हें प्यार करके ज़माना हुआ है
लगी दिल की तुम कभी बुझाने भी दो
न रूठो हमें पास...

कहाँ ये कहाँ हम ज़्यादा हसीं हैं
न देखो अगर तो बुरे भी नहीं हैं
निगाहों से निगाहें मिलाने भी दो
न रूठो हमें...

जवाँ रूप का हम ख़ज़ाना लुटा दें
तुम्हारे क़दम पर ज़माना लुटा दें
ये दिल क्या है हमें दिल गँवाने भी दो
न रूठो हमें...

136 साज़ और सनम
1971

दिल से नज़र तक तेरे उजाले
बाँहों में आजा या मुझको बुला ले
हवा में महका आँचल लहरा भी दे
फ़ज़ा में तन की ख़ुशबू बिखरा भी दे
न जाने कब से प्यासा-प्यासा है दिल
लबों से अपने सुर्ख़ी छलका भी दे
डूबें अभी ख़ुशी में सारे ग़म
दिल से नज़र तक...

ज़माना चोरी-चोरी देखा करे
ख़ुशी से हमको दुनिया रुसवा करे
दिवाने किसकी-किसकी देखें नज़र
जवानी किसकी-किसकी परवा करे
कोई ख़ता कभी तो कर लें हम
दिल से नज़र तक...

गुलों ने हँसना तुझ से सीखा नहीं
कली को कम-कम खिलना आया नहीं
निगाहें तुझ पर सबकी पड़ती रहीं
किसी ने ऐसे तुझको देखा नहीं
तेरी अदा-अदा पे निकले दम
दिल से नज़र तक...

137 साज़ और सनम
1971

ये मेरी बला जाने है कितने यहाँ ग़म
है दिल की हसीं दुनिया साज़ और सनम

नग़मा वही नग़मा, ग़म को जो मिटा दे
दिलबर वही दिलबर, सितम जिसका मज़ा दे
मिले क़ातिल कहाँ-कहाँ हुआ घायल कहाँ-कहाँ
वहीं मंज़िल वहीं महफ़िल जहाँ रख दूँ क़दम
ये मेरी बला जाने...

महकी हुई ज़ुल्फ़ें बहकी-सी निगाहें
तुमको नज़र वाले भला कैसे न चाहें
मिले आँखें झुकी-झुकी चली साँसें रुकी-रुकी
ज़रा छलके ज़रा ढलके अभी मस्ती है कम
ये मेरी बला जाने...

138 साज़ और सनम
1971

ये दिल-जिगर जफ़ा-वफ़ा है सब कुछ फ़साना
आँखें मिला ले ठोकर में सारा ज़माना

आया है कोई निगाहों में मेरी समाया है कोई अजनबी
हम भी हैं यहाँ बेगाने भी यहाँ बुझाना न कोई रौशनी
छुपो ज़रा बचो ज़रा है क़ातिल निशाना
आँखें मिला ले ठोकर में सारा ज़माना
ये दिल-जिगर...

होंठों की कली गुलाबों में ढली बहारों में पली हर अदा
गोरा-सा बदन जवानी का चमन निगाहों में नशा प्यार का
झुकी नज़र हसीं अदा बना के दीवाना
आँखें मिला ले ठोकर में सारा ज़माना
ये दिल-जिगर...

139 छोटी बहू
1971

ये रात है प्यासी-प्यासी, प्यासी ना गुज़र जाए
तुम बाँहों में आ जाओ या वक़्त ठहर जाए
ये रात है...

नई आग दिल को जलाने लगी है मचलना सिखाने लगी है
जवाँ प्यार क़ाबू में कैसे रहेगा अँगड़ाई आने लगी है
ये पलकें उठाओ, ये नज़रें मिलाओ मस्ती बिखर जाए
ये रात है...

कई रंग देखे तुम्हारे लबों के कहो तो कोई हम चुरा लें
ज़रा शोख़ कर लो ये सादा-सा जीवन जवानी को रंगीं बना लें
ये आँखें न फेरो, ये ज़ुल्फ़ें बिखेरो दुनिया सँवर जाए
ये रात है...

140 दो बूँद पानी
1971

अपने वतन में आज दो बूँद पानी नहीं
तो यहाँ ज़िंदगानी नहीं

तोड़ के सारे रिश्ते-नाते जा तो रहे हैं धूल उड़ाते
पानी जिस दिन आ जाएगा लौट आएँगे नाचते-गाते
होगी सुहानी कभी शाम, जो अब सुहानी नहीं
दो बूँद पानी नहीं तो यहाँ ज़िंदगानी नहीं

प्यारी धरती छोड़ें कैसे, क़स्में अपनी तोड़ें कैसे
मरना होगा मर जाएँगे, जीते जी मुँह मोड़ें कैसे
चाहा जो उठना कभी, बात ये दिल ने मानी नहीं
दो बूँद पानी नहीं तो यहाँ ज़िंदगानी नहीं

141 दो बूँद पानी
1971

जा री पवनिया पिया के देस जा
इतना संदेसा मोरा कहियो जा
पिया को संदेसा मोरा कहियो जा

तन-मन प्यासा, प्यासी नजरिया
प्यासी-प्यासी गगरिया
अम्बर प्यासा, धरती प्यासी
प्यासी सारी नगरिया
प्यास बुझेगी तब जीवन की
जब घर आवेंगे साँवरिया
इतना संदेसा मोरा कहियो जा

मन का ताप जलाए तन को
तुम बिन कोई न जाने
छोड़ी तुमने जो रणभूमि
सखियाँ मारेंगी ताने
लाज के मारे मर जाएगी
अपने पिया की बावरिया
बस इतना संदेसा मोरा कहियो जा

142 दो बूँद पानी
1971

पीतल की मोरी गागरी, दिलड़ी से मोल मँगाई रे
पाँवों में घुँघरू बाँध के, अब पनिया भरन हम जाई रे

पायलिया बोले छुमक छुमक, बदली है चाल, हाय-हाय
बदली है चाल जवानी की
चूँदरिया सरके इधर-उधर बेसर्मी देख, होय-होय
बेशर्मी देख दिवानी की
बदनामी होगी गाँव में चुंदरी कहीं जो तूने गँवाई रे
पीतल की मोरी गागरी

सन-सन सन-सन जिया करे जब गगरी डूबे पानी में
अपना मुखड़ा नया लगे, हम जब-जब, होय
हम जब-जब देखें पानी में
गालों पे लाली आ गई, अरे किस ने ये आग लगाई रे
पीतल की मोरी गागरी, दिलड़ी से मोल मँगाई रे
पाँवों में घुँघरू बाँध के, अब पनिया भरन हम जाई रे
पीतल की मोरी गागरी

143 शायर-ए-कश्मीर महजूर
1972

चमनवाले चमनवालों की कोई शान पैदा कर
खिले गुल होके दाग़े, गुल तू वह सामान पैदा कर

अभी वीराँ है फुलवारी अभी सूनी है हर क्यारी
कहाँ तक रोएगी शबनम बनाए अश्कों की चिंगारी
कोई हलचल कोई बादल कोई तूफ़ान पैदा कर

चमनवाले...

जुदा हों रंग फूलों के, जुदा हों ढंग फूलों के
कभी काँटा न जान उनको, रहें जो संग फूलों के
नया हर ढब नया मज़हब नया ईमान पैदा कर

चमनवाले...

144 शायर-ए-कश्मीर महजूर
1972

आज़ादी हमारे घर आई
आज़ादी का क्या कहना
आती तो नहीं थी पर आई
आज़ादी का क्या कहना
आज़ादी हमारे...

ये महलों पर मँडलाती है
सोना-चाँदी बरसाती है
बस खँडरों से शर्माती है
जब आई झुकाए सर आई
आज़ादी हमारे...

भूखों को बहलाए कैसे
प्यासों पर छलकाए कैसे
जनता को समझाए कैसे
औरों की तिजोरी भर आई
आज़ादी हमारे...

145 रिवाज
1972

जला दो, जला दो, जला दो
दुनिया यही दुनिया है तो दुनिया को जला दो
आग लगा दो,
हर सपना जले, अरमान जले
इंसान जले, भगवान जले
हर दिल को, हर इक सीने को श्मशान बना दो
जला दो, जला दो, जला दो

आसान है जलना भी, आसान जलाना भी
ऐ काश, तुझे आता संसार बसाना भी
क्यों पी गया घबराके ज़हर इतना तू नफ़रत का
थोड़ा-सा मिला लेता अमृत भी मुहब्बत का,
तस्कीन[1] भी मिल जाती, जीने का बहाना भी
आसान है जलना भी, आसान जलाना भी

इक रोज़, यही सहरा[2] था चमन
थी कितनी ख़ुशी, थे कितने मगन
क्यों रूठ गए मुझसे वह दिन, कोई बता दो
जला दो, जला दो, जला दो

ये अश्क कभी दिल में तूफ़ान उठाएँगे
जो रूठ गए मुझसे, वो लौट भी आएँगे
है खेल मुक़द्दर का, बिछुड़े को मिलाना भी
आसान है जलना भी, आसान जलाना भी

1. सुकून, 2. मरुस्थल

146 सुल्ताना डाकू
1972

भोर होते बलमं चले जाएँगे
मैं रो-रो मरूँगी
कभी बातें हों निगाहों से कभी दौर चलें
कभी शरमा के छुपूँ मैं कभी लग जाऊँ गले
ज़िंदगी मेरी गुज़र जाए इन्हीं क़दमों में
दिले-तबाह सियाह करके न ये रात ढले
भोर होते बलम चले...

कहीं चमके न बहुत सुबह का तारा थम जाए
यहीं मौसम रहे बाक़ी ये नज़ारा थम जाए
मेरी दुनिया में न आए कभी बैरी सूरज
या .ख़ुदा वक़्त का बहता हुआ धारा थम जाए
भोर होते बलम चले...

147 सुल्ताना डाकू
1972

आके अपनी सुरतिया दिखा जाया करो
तोरे हाथ जोड़ूँ ओ तेरे पैय्याँ पड़ूँ मैं
ज़रा प्यास मेरे दिल की बुझा जाया करो
तोरे हाथ जोड़ूँ ओ तेरे पैय्याँ पड़ूँ
तोरे हाथ जोड़ूँ...

जबसे लगनिया लगाई मैंने तुमसे
भोले जिया को कहीं चैन नहीं
जिसमें न देखा पिया मैंने तेरा सपना
आई तो ऐसी कोई रैन नहीं
चोरी-चोरी गले से लग जाया करो
तोरे हाथ जोड़ूँ...

कबसे सुना हैं कि मेहँदी लगेगी
आने लगी है बड़ी याद मोहे
डोली सजाओ बजेगी शहनाई
छोड़के जाना नहीं आज मोहे
मेरे दिल पे न बिजली गिरा जाया करो
तोरे हाथ जोड़ूँ...

148 मंगेतर 1972

ये दिल भी तेरा ये जान भी तेरी
दिवानी भी तेरी ओ सजना
ये जिस्म भी तेरा जवानी भी तेरी ओ सजना
तेरे-मेरे चरचे होने लगे हैं...

सीने में हलचल जैसे घटाएँ
उल्टी साँसें रंगीं अदाएँ
अदाएँ भी तेरी घटाएँ भी तेरी
तेरे-मेरे चरचे होने लगे हैं...

शमाँ बुझा दे महके अँधेरा
पहलू में तेरे कर दूँ सवेरा
सवेरा भी तेरा अँधेरा भी तेरा
तेरे-मेरे चरचे होने लगे हैं...

149 मंगेतर 1972

क्यूँ मैं शरमाऊँ तुमसे
मुझको छेड़ें मेरी सखियाँ
तू लागे-लागे मोरा सइयाँ
क्यूँ मैं घबराऊँ तुमसे
मुझको घूरें तेरी अँखियाँ
जा-जा-जा लागूँ तेरी पइयाँ
तू लागे मेरा सइयाँ...

कभी प्यार भी ओ सनम कीजिए
ज़्यादा नहीं कम से कम कीजिए
दिल में इक चोर है
प्यार का शोर है
जिसने बाँधा है तुझे
कच्ची-कच्ची डोर है
खेंचो न सइयाँ कच्ची-कच्ची डोर है
खेंचो न सइयाँ
तू लागे मोरा सइयाँ...

भला मानिए या बुरा मानिए
जवानी का सदक़ा कहा मानिए
प्यार की बात क्या
जीत क्या मात क्या
तू दिया है मैं हवा
तेरा-मेरा साथ क्या
तेरा-मेरा साथ तो सपनों की बतियाँ
जा-जा-जा लागूँ तेरी पइयाँ...

150 मंगेतर 1972

तेरी आँखों में रहूँगी तस्वीर बनके
तेरी लैला बनके तेरी हीर बनके

रानी तेरा रहूँगा मैं राजा बनके
तेरा मजनूँ बनके तेरा राँझा बनके

हीरिये इश्क़ किया है इश्क़ करेंगे
राँझेया साथ जिएँगे साथ मरेंगे
ज़रा पलकें तो उठा ले ज़रा नज़रे तो मिला ले
मुझे सीने से लगा ले मुझे ख़्वाबों में बसा ले
तेरे ख़्वाबों में बसूँगी ताबीर बनके
तेरी लैला बनके तेरी हीर बनके

माहिवे तुझ पे लूटा दूँ चढ़ती जवानी
सोनिये कहते हैं घुंघरू दिल की कहानी
मेरे घूँघरू हैं दीवाने करते करते सौ बहाने
तेरी ज़ुल्फ़ों में फ़साने तेरे होंठों पे तराने
तेरे होंठों पे रहूँगा मैं नग़मा बनके
तेरा मजनूँ बनके तेरा राँझा बनके

151 मंगेतर 1972

हम शराबी सब शराबी
आदमी क्या रब शराबी
वल्लाह वल्लाह वाहिद कलाम
नशा दौलत में देखा ताक़त में देखा क़ुदरत में देखा
नशा सजदों में देखा पूजा में देखा रहमत में देखा
जन्नत से आए ईमाँ जगाए दुनिया पे छाए
दिल शराबी लब शराबी

कहा माने न माने जाने न जाने पीता है तू भी वही
मस्ती है प्यारे जिसके सहारे जीता है तू भी वही
मस्ती ज़बाँ में मस्ती बयाँ में मस्ती अदा में
कैसी तौबा अब शराबी
वल्लाह वल्लाह वाहिद कलाम

हवा को झूमते देखा कली को चूमते देखा
चले महफ़िल में जब साग़र ज़मीं को घूमते देखा
न देखे अपना बेगाना जो आ जाए वो मस्ताना
यहाँ बुतख़ाने में काबा वहाँ काबे में बुतख़ाना
ये मोमिन और वो काफ़िर वो ज़ालिम और वो साबित
अगर सब उसके बन्दे हैं तो ये तक़सीम क्यों आख़िर
छिड़ी है जंग की बातें हज़ारों रंग की बातें
उठाओ जाम कर लें हम कुछ अपने दिल की भी बातें
जिसे देखो गुलाबी है जहाँ सारा शराबी है
जो तूने पी ली थोड़ी-सी तो इसमें क्या ख़राबी है
बुरा उनको नहीं कहते जो दीवारें उठाते हैं
बुरा उनको नहीं कहते जो इनसाँ को लड़ाते हैं

पुजारी हैं जो नफ़रत के जो क़ातिल हैं मोहब्बत के
बुरा उनको नहीं कहते जो बेशर्मी से जीते हैं
बुरा उनको नहीं कहते जो ख़ूँ इनसाँ का पीते हैं
बुझा के चाँद तारों को जवाँ करते हैं रात अपनी
लगा के ढेर लाशों का सजाते हैं वो रात अपनी
कोई क़ानून ऐसा है जो देता उनको जा समझा

किसी मज़हब में दम है जो पकड़ ले बढ़ के हाथ उनका
सभी का इनसे याराना सभी के इनसे रिश्ते हैं
बुरा कह मत शराबी को शराबी तो फ़रिश्ते हैं
जो अब भी कुछ न समझे तू तो फिर तुझसे .खुदा समझे
वल्लाह वल्लाह वाहिद कलाम
हम शराबी सब शराबी
आदमी क्या रब शराबी

152 मंगेतर
1972

मैं तो तुम्हारी सीता
तुम राम हो न हो
अग्नि माँ का सहारा लिया मैंने
पल-पल नाम तुम्हारा लिया
मैं तो तुम्हारी मीरा
तुम श्याम हो न हो
मेरे लहू से माँग मेरी भर दो
लाओ एक डोली विदा भी मुझे कर दो
दुनिया में ऐसी कोई फिर शान हो न हो
ऐसा मैं श्याम तेरा
जीवन बिताऊँगा मैं
ले ले के नाम तेरा
तू साथ हो न हो
राम हो न हो...
हँसते-हँसते रुलाया तुझे मैंने
अपने हाथों गँवाया तुझे मैंने
दुनिया अँधेरी मेरी अब रात हो न हो
राम हो न हो...
दिल की आग बुझाई नहीं जाती
तेरी राख उड़ाई नहीं जाती
बरसेंगी यूँ ही आँखें बरसात हो न हो
राम हो न हो...

153 बावर्ची 1972

मस्त पवन डोले रे, डोले रे
मोरा जिया उड़ा जाए

जैसे बरखा में मोर लहराए
डोले पवन और ओढ़निया उड़ाए
घुँघटा बचाऊँ तो आँचल गिराए
कहाँ जाके छिपूँ हाए
मेरा जिया उड़ा जाए

चुन के कलियाँ मैं मधुबन से लाई
नाम उनका ले-लेके बिंदिया लगाई
केसर में कोरी चुनरिया रँगाई
कोई पी का संदेसा लाए
मोरा जिया उड़ा जाए

154 बावर्ची
1972

तुम बिन जीवन, कैसा जीवन
फूल खिले तो दिल मुरझाए
आग लगे जब बरसे सावन

रूठे तुम जब से पिया
सूना-सा है मन का डेरा
बैरी है दुनिया
बाँटे कोई क्यों दुख मेरा
अपने आँसू अपना ही दामन
आग लगे जब बरसे सावन

कैसे दिल बहले
हँसना चाहूँ, रोना आए
ढूँढ़ा जग सारा
कुछ ना सूझे, कुछ ना भाए
तोड़ गए तुम मन का दरपन
आग लगे जब बरसे सावन

किसको समझाऊँ
गुज़री क्या-क्या
बीती क्या-क्या
पूछे यह दुनिया
किसके हाथों यह दिल टूटा
हाल हुआ यह किसके कारन
आग लगे जब बरसे सावन

155 बावर्ची 1972

भोर आई गया अँधियारा
सारे जग में हुआ उजियारा
नाचे-झूमे ये मन मतवारा
भोर आई गया...

धरती भी झूमे बगिया भी झूमे
भँवरा मचल के कलियों को चूमे
नन्हीं किरन मुस्काए
लागे नीला गगन बड़ा प्यारा बड़ा न्यारा
भोर आई गया...

दिन ये संदेसा लेके पूरब से आता है
मेहनत जो बाँटे वही फल मिलके खाता है
मज़े उड़ाओ मिल के, ख़ुशी मनाओ मिल के
नई बहारें आईं देखो फूल खिलाओ मिल के

इक दूजे की सोचोगे तो मौज करोगे
हँसते गाते दिन बीतेगा मस्त रहोगे
देता है जितना कोई उतना ही पाता है
दिन ये संदेसा लेके पूरब से आता है

मेहनत जो बाँटे वही फल मिलके खाता है
देखो कहता है तुमसे सवेरा
छोड़ो-छोड़ो यह तेरा-मेरा

टूटी गगरी लिये फिर रहे हैं
मिलके नहीं पीते थे जो पानी
जो भी करना है आज कर लो
याद रखो जोगी की ये बानी
कि पलटती नहीं है समय की ये धारा
भोर आई गया...

156 बावर्ची
1972

पहले चोरी फिर सीनाज़ोरी
उसने पकड़ी कलइया गोरी-गोरी
कजरा उजाड़ा मोरी बइयाँ भी मरोड़ी
कहाँ जाऊँ बोलो कहाँ जाऊँ

पहले चोरी...

छोड़ा न पल्लू किए सौ-सौ जतन
थर-थर-थर-थर-थर मोरा काँपे बदन
जब वह समझा नहीं मीठी बोली मेरी
गाली देके बोली दे दे चोली मेरी
वो न माना तो बोली, मैं हारी
कहा उसने कि लग जा गले प्यारी

पहले चोरी...

157 बावर्ची 1972

मोरे नैना बहाएँ नीर
सखी का करूँ मोरा जिया न माने
मोरे नैना बहाएँ नीर...

पल-छिन पी की राह निहारूँ
साँझ सकारे उनको पुकारूँ
भटकूँ मैं जमुना के तीर
मोरे नैना बहाएँ नीर...

कागा जो बोले तो अँखियाँ फड़के
बिरहा की अगनी और भी भड़के
जल-जल जाए शरीर
मोरे नैना बहाएँ नीर...

आँसू बहें जैसे नदिया की धारा
नदिया की धारा में प्रीतम प्यारा
बनके कमल मुस्काए
बैरी बस में न आए
जाऊँ कहाँ जाऊँ कहाँ जाऊँ कहाँ
मोरा मनवा हुआ अधीर
मोरे नैना बहाएँ नीर...

158 बावर्ची
1972

ओ जमीला छम्मक-छल्लो
जमीला छम्मक-छल्लो
रुख़ से परदा हटा दे
ओ जमीला मेरी बुलबुल
जमीला ज़रा जलवा दिखा दे

ओ बसीरा मेरे बाँके बसीरा
लगी दिल की बुझा दे
मेरी दुनिया बसा दे

हल्लू हल्लू से पल्लू खोलना
क्यों बसीरा
गोरे गालों की क़सम
काले बालों की क़सम
महके आँचल की क़सम
उड़ते बादल की क़सम
महके दामन की क़सम
जागे जादू की क़सम
सुर्ख पल्लू की क़सम
पल्लू जो खोलूँगी दीवाने लुट जाएँगे
लुट जाने दो
आज हुस्नो-अदा का ख़ज़ाना लुटा दे
बना दे जहाँ को दिवाना बना दे
हाय जमीला...

महफ़िल में अपने भी बेगाने भी हैं
मेरी बला से
हुस्नो-जवानी के दिवाने भी हैं
मेरी बला से
जो निगाहे मिला लीं तो क्या होगा
बुरा होगा
मुझको गले से लगा ले तो क्या होगा
बुरा होगा

तुझको चाहत की क़सम
तुझको उल्फ़त की क़सम
मेरे अरमाँ की क़सम
जागे तूफ़ाँ की क़सम
मेरी आहों की क़सम
खुली बाँहों की क़सम
दिल की बातों की क़सम
मिलन की रातों की क़सम
तू मेरी है मेरी है सबको बता दे
सुना दे वफ़ा का तराना सुना दे
हाय जमीला...

मुझ से जो छीनेगा तुझको ज़माना
क्या करोगे
आया जो बनके कोई तेरा दिवाना
क्या करोगे
तेरे लिए जाँ की बाज़ी लगा दूँगा
तेरे लिए ये जवानी गँवा दूँगा
मेरा दिलदार है तू
तू मेरा प्यार है तू
चक्कू की धार है तू...
तेज़ तलवार है तू
ले-ले दिल तुझको दिया
तुझपे क़ुरबान किया
तू...सनम मेरा
तू ही तो मेरा पिया
मेरा हुस्न भी तेरा ये जवानी भी तेरी
ज़रा ये मेरे सोए हुए अरमाँ जगा दे
ओए बसीरा मेरे बाँके...

159 नैना 1973

होने लगी है रात जवाँ जागते रहो
शम्ओं से उठ रहा है धुआँ जागते रहो
होने लगी...

झपकी पलक तो दिल का जहाँ लूट लेंगे लोग
सोना है इक गुनाह यहाँ जागते रहो
होने लगी है...

मुड़ मुड़ के आज देख रहा है कोई इधर
जब तक है ये हसीन समाँ जागते रहो
होने लगी है...

अब कोई राज़ राज़ रहेगा न सुबह तक
हर ज़ख़्म बन रहा है ज़ुबाँ जागते रहो
होने लगी है...

160 गरम हवा
1973

सूखी रुत में छाई बदरिया, चमकी बिजुरिया साथ
तुम भी डूबो संग मेरे, या थामो मेरा हाथ

ख़्वाजा सलीम चिश्ती, आक़ा सलीम चिश्ती
आबाद कर दो दिल की दुनिया सलीम चिश्ती

जितनी बलाएँ आईं सबको गले लगाया
ख़ूँ हो गया कलेजा शिकवा न लब पे आया
हर दर्द हमने अपना अपने से भी छिपाया
तुमसे नहीं है कोई परदा सलीम चिश्ती

ख़्वाजा सलीम चिश्ती, आक़ा सलीम चिश्ती
आबाद कर दो दिल की दुनिया सलीम चिश्ती

जाएगा कौन आके प्यासा तुम्हारे दर से
कुछ जाम से पिएँगे कुछ मेहरबाँ नज़र से
ये संगे-दर[1] तुम्हारा तोड़ेंगे अपने सर से
ये दिल अगर दुबारा टूटा सलीम चिश्ती

ख़्वाजा सलीम चिश्ती, आक़ा सलीम चिश्ती
आबाद कर दो दिल की दुनिया सलीम चिश्ती

1. देहलीज

161 हँसते ज़ख़्म
1973

तुम जो मिल गए हो तो ये लगता है कि जहाँ मिल गया
एक भटके हुए राही को कारवाँ मिल गया
तुम जो मिल गए हो

बैठो न दूर हमसे, देखो ख़फ़ा न हो
क़िस्मत से मिल गए हो, मिलके जुदा न हो
मेरी क्या ख़ता है, होता है ये भी
कि जमीं से भी कभी आसमाँ मिल गया

तुम क्या जानो तुम क्या हो
एक सुरीला नग़मा हो
भीगी रातों में मस्ती
तपते दिन में साया हो
अब जो आ गए हो जाने न दूँगा
कि मुझे इक हसीं मेहरबाँ मिल गया
कि जहाँ मिल गया...

तुम भी थे खोए-खोए
मैं भी बुझा-बुझा
था अजनबी ज़माना
अपना कोई न था
दिल को जो मिल गया है तेरा सहारा
एक नई ज़िन्दगी का निशाँ मिल गया
तुम जो मिल गए हो...

162 हँसते ज़ख़्म
1973

बेताब दिल की तमन्ना यही है
तुम्हें चाहेंगे, तुम्हें पूजेंगे
तुम्हें अपना .ख़ुदा बनाएँगे

सूने-सूने ख़्वाबों में जब तक तुम न आए थे
ख़ुशियाँ थीं सब औरों की ग़म भी सारे पराए थे
अपने से भी छुपाई थी धड़कन अपने सीने की
हमको जीना पड़ता था, ख़्वाहिश कब थी जीने की
अब जो आके तुमने हमें जीना सिखा दिया है
चलो, दुनिया नई बसाएँगे
बेताब दिल की तमन्ना यही है

भीगी-भीगी पलकों पर, सपने कितने सजाए हैं
दिल में जितना अँधेरा था, उतने उजाले आए हैं
तुम भी हमको जगाना न, बाँहों में जो सो जाएँ
जैसे .ख़ुशबू फूलों में, तुममें यूँ ही खो जाएँ
पल-भर किसी जनम में कभी छूटे ना साथ अपना
तुम्हें ऐसे गले लगाएँगे
बेताब दिल की तमन्ना यही है

वादे भी हैं क़समें भी बीता वक़्त इशारों का
कैसे-कैसे अरमाँ हैं, मेला जैसे बहारों का
सारा गुलशन दे डाला कलियाँ और खिलाओ ना
हँसते-हँसते रो दें हम इतना भी तो हँसाओ ना
दिल में तुम्हीं बसे हो रहा आँचल वो भर चुका है
कहाँ इतनी ख़ुशी छुपाएँ
बेताब दिल की तमन्ना यही है...

163

हँसते ज़ख़्म
1973

आज सोचा तो आँसू भर आए
मुद्दतें हो गईं मुस्कुराए

हर क़दम पर उधर मुड़के देखा
उनकी महफ़िल से हम उठ तो आए

रह गई ज़िंदगी दर्द बन के
दर्द दिल में छुपाए-छुपाए

दिल की नाज़ुक रगें टूटती हैं
याद इतना भी कोई न आए

164 हँसते ज़ख़्म
1973

तौबा-तौबा ये जवानी ये जवानी का गुरूर
इश्क़ के सामने सर फिर भी झुकाना ही पड़ा
कैसा कहते थे न आएँगे न आएँगे मगर
दिल ने इस तरह पुकारा तुम्हें आना ही पड़ा

ये माना मेरी जाँ मोहब्बत सज़ा है
मज़ा इसमें इतना मगर किसलिए है
वो इक बेक़रारी जो अब तक इधर थी
वही बेक़रारी उधर किसलिए है
ये माना मेरी...

बहलना न जाने बदलना न जाने
तमन्ना मचल के सँभलना न जाने
क़रीब और आओ क़दम तो बढ़ाओ
झुका दूँ ना मैं सर तो सर किसलिए है
ये माना मेरी...

नज़ारे भी देखे इशारे भी देखे
कई ख़ूबसूरत सहारे भी देखें
नाम क्या चीज़ है इज़्ज़त क्या है
सोने-चाँदी की हक़ीक़त क्या है
लाख बहलाए कोई दौलत से
प्यार के सामने दौलत क्या है

नज़ारे भी देखे इशारे भी देखे
कई ख़ूबसूरत सहारे भी देखे
जो मैख़ाने जाके मैं साग़र उठाऊँ
तो फिर ये नशीलीं नज़र किसलिए है
ये माना मेरी...

तुम्हीं ने सँवारा तुम्हीं ने सजाया
मेरे सूने दिल को तुम्हीं ने बसाया
जिस चमन से भी तुम गुज़र जाओ

हर कली पर निखार आ जाए
रूठ जाओ तो रूठ जाए .ख़ुदा
और जो हँस दो बहार आ जाए

तुम्हीं ने सँवारा तुम्हीं ने सजाया
मेरे सूने दिल को तुम्हीं ने बसाया
तुम्हारे क़दम से है घर में उजाला
अगर तुम नहीं तो ये घर किसलिए है

ये माना मेरी...

165 हँसते ज़ख़्म
1973

गली-गली में किया रे बदनाम
मोहे बैरी ने मोहे ज़ुल्मी ने

चोरी से आया घुँघटा उठाया
पकड़ी कलाई गले मुझको लगाया
चूड़ी बजाई मैंने घुँघरू बजाया
लाज बचाने मुआ कोई न आया
मैं क्या करती हाय राम
गली-गली में...

घर से अकेली निकली बड़ी मैंने भूल की
कजरा लगाया क्यों रचाई क्यों मेहँदी
बाली उमरिया पतली कमरिया
उड़ी लहरा के मेरी धानी चुनरिया
दूर से मारी मुझे उसने कँकरिया
झगड़े में फूटी मोरी कोरी गगरिया
मैं क्या करती हाय राम मेरे राम
गली-गली में...

उसने पुकारा कहाँ जाती हो रानी
शाम सुहानी चढ़ती जवानी
लाख मनाया मेरी एक न मानी
वो था दीवाना हुई मैं भी दीवानी
मैं क्या करती हाय राम मेरे राम
गली-गली में...

166 हिंदुस्तान की क़सम
1973

हिंदुस्तान की क़सम, हिन्दुस्तान की क़सम
न झुके सर वतन का हर जवान की क़सम

जिन्हें प्यार है वतन से, वो जाँ से खेलते हैं
मिले राह में जो तूफ़ाँ तूफ़ाँ से खेलते हैं
ख़्वाबों से खेलते हैं, अरमाँ से खेलते हैं
न रुकेंगे हम किसी से, इस उड़ान की क़सम
हिंदुस्तान की क़सम

फिर इम्तेहाँ न होगा, यूँ इम्तहान देंगे
खाएँगे ज़ख़्म हँसकर, .ख़ुश होके जान देंगे
मिट जाएँगे ज़ुबाँ पर, जब हम ज़ुबान देंगे
है इसमें अपनी शान, अपनी इस शान की क़सम
हिंदुस्तान की क़सम

दिल होगा जितना घायल उतना मगन रहेगा
दुनिया को याद अपना वो बाँकपन रहेगा
लहराएगा तिरंगा, जब तक गगन रहेगा
ये निशाँ है हमारा, इस निशान की क़सम
हिंदुस्तान की क़सम

167 हिंदुस्तान की क़सम
1973

दुनिया बनाने वाले, यही है मेरी इल्तिजा
कि हों न कभी अपने जुदा

घर के जो उजाले हैं, बचाना उन्हें
जाके अपने सीने से लगाना उन्हें
तू भी उनका साथी है बताना उन्हें
जल्दी वो आए, लुटे घर बसाए, दिल से निकले दुआ
यही है मेरी इल्तिजा

पहना है अँधेरों का ज़मीं ने कफ़न
सूनी-सी दुनिया है, सहमा-सा चमन
काँटे छू न पाएँ, फूलों का बदन
तेरे हवाले, बहारों के पाले, दुखी दिल की है यह दुआ
यही है मेरी इल्तिजा

168 हिंदुस्तान की क़सम
1973

है तेरे साथ मेरी वफ़ा, मैं नहीं तो क्या
ज़िंदा रहेगा प्यार मेरा, मैं नहीं तो क्या

सीने में दर्द, दिल में तमन्ना जगाए जा
ये रात जागने की है, शम्एँ जलाए जा
तू जश्न ज़िंदगी का मना, मैं नहीं तो क्या

तेरे लिए उजालों की कोई कमी नहीं
सब तेरी रोशनी है, मेरी रौशनी नहीं
कोई नया चिराग़ जला, मैं नहीं तो क्या

कुछ धड़कनों का ज़िक्र हो, कुछ दिल की बात हो
मुमकिन है इसके बाद न दिन हो न रात हो
मेरे लिए न अश्क बहा, मैं नहीं तो क्या

169

हिंदुस्तान की क़सम
1973

हर तरफ़ अब यही अफ़साने हैं
हम तेरी आँखों के दीवाने हैं

कितनी सच्चाई है इन आँखों में
खोटे सिक्के भी खरे हो जाएँ
तू ज़रा प्यार से देखे जो उधर
सूखे जंगल भी हरे हो जाएँ
बाग़ बन जाए जो वीराने हैं
हर तरफ़ अब यही अफ़साने हैं

एक हलका-सा इशारा उनका
कभी दिल और कभी जाँ लूटेगा
किस तरह प्यास बुझेगी उसकी
किस तरह उसका नशा टूटेगा
जिसकी क़िस्मत में ये पैमाने हैं
हर तरफ़ अब यही अफ़साने हैं

मीठी नज़रों में है कितना जादू
हो गए पल में कई ख़्वाब जवाँ
कभी उठने, कभी झुकने की अदा
ले चली जाने किधर, जाने कहाँ
रास्ते प्यार के अनजाने हैं
हर तरफ़ अब यही अफ़साने हैं
हम तेरी आँखों के दीवाने हैं

170 आलमआरा की बेटी
1973

रहमत का तमाशा तू ज़माने को दिखा दे
इस बहती हुई आग को गुलज़ार बना दे

तू चाहे तो हर क़तर-ए-शबनम बने शोला
तू चाहे तो हर शोले में एक फूल खिला दे

चाहेगा बचाना तो बचा लेगा वो हर बार
दुनिया को जलाना है तो सौ बार जला दे

बहते हुए अंगारे उसे छू नहीं सकते
वो फूलों की चादर जिसे .ख़ुश होके उढ़ा दे

171 आलमआरा की बेटी
1973

ख़्वाजा जी या ख़्वाजा जी
सुनो फ़रियाद तुम मेरी
मुईनुद्दीन अजमेरी
लबों पे नाम तेरा
और दिल में आरज़ू तेरी
सुनो फ़रियाद तुम मेरी
ख़्वाजा मुईनुद्दीन...

सुना है मैंने इस दहलीज़ पर क़िस्मत बदलती है
जला दे तू जिसे आँधी में भी वो शमा जलती है
जलेगी शमा कब मेरी मुईनुद्दीन अजमेरी

हर इक दर से उठाके ये दिले मुज़्तर यहाँ लाया
ठिकाना फिर कहाँ मेरा जो मुझको तूने ठुकराया
निगाहें मुझ पे हों तेरी मुईनुद्दीन अजमेरी
सुनो फ़रियाद तुम मेरी

172 संकल्प
1974

भीतर-भीतर खाए चलो, बाहर शोर मचाए चलो
भेद कौन खोलेगा, मुँह से कौन बोलेगा
भीतर-भीतर खाए चलो

जनता भोली-भाली है
पेट भी, जेब भी ख़ाली है
नारों से गरमा दो लहू
यादों से बहलाए चलो
भीतर-भीतर खाए चलो

बढ़ती जाए है महँगाई
घटती जाए है कमाई
चीजों के दाम बढ़ाए चलो
इसी का भाव गिराए चलो
भीतर-भीतर खाए चलो

हाथों में कुछ नोट लो
फिर चाहे जितने वोट लो
खोटे से खोटा काम करो
बापू को नीलाम करो
अरे, बापू की तस्वीर है ये
तेरे बाप की क्या जागीर है ये
बापू-बापू करते रहो
ज़हर दिलों में भरते रहो
बस्ती-बस्ती आग लगे
हर इनसाँ एक नाग लगे
प्रांत प्रांत को तंग करे
भाषा से भाषा जंग करे
कोई यहाँ है मलयाली
कोई यहाँ बंगाली
गुजराती है कोई यहाँ
पंजाबी है कोई यहाँ
ये है मराठी और वो तामिल

आपस में यारी है मुश्किल
सबको चाहिए अपनी ज़मीं
हिन्दुस्तानी कोई नहीं
देश कहाँ देश रहा
देश तो सीमाओं में बँटा
और भी टुकड़े उड़ाए चलो
कुर्सी अपनी बचाए चलो
भीतर-भीतर खाए चलो
बाहर शोर मचाए चलो

173 संकल्प
1974

घाव दिल के धुएँ से सीते हैं
ज़हर पीते हैं और जीते हैं
कौन सोचे कि ज़िंदगी क्या है
ज़िंदगी क्या है, आदमी क्या है

ये बड़े लोग, जिनका छोटापन
उनकी हर बात से टपकता है
कितनी नफ़रत से देखते हैं वे
उलझे बालों को, गंदे कपड़ों को
कोई इतना तो उनको समझा दे
जितने गंदे ज़मीर उनके हैं
उसके आगे हमारे बालों की
और कपड़ों की गंदगी क्या है
कौन सोचे कि ज़िंदगी क्या है

कह लो, कह लो, जंगली कह लो, नास्तिक कह लो
हमको इनसाँ में है ख़ुदा की तलाश
और तुम तिजोरियों में उसको ढूँढ़ते हो
ये तुम्हारे घड़ी-घड़ी सिजदे
ये तुम्हारी घड़ी-घड़ी पूजा
एक रिश्वत है, बंदगी क्या है
कौन सोचे कि ज़िंदगी क्या है

मैं छुपाता नहीं गुनाह अपने
और गुलामी की गोद के पाले
चोरी-चोरी गुनाह करते हैं

गुलामी तुम्हें ख़ुदग़रज़ी, चापलूसी और ख़ुदपरस्ती सिखा दे
लेकिन मैं, हम आज़ाद हिंदुस्तान की पैदाइश हैं
झूठ-फ़रेब छल-कपट हम इस देश में नहीं चाहते
और तुम गुनाहों का सारा बोझ लिये
कब से बैठे हो हमारे काँधों पर
उतरो, उतरो हमारे काँधों से उतरो

ये दुश्मनी है, दोस्ती क्या है
कौन सोचे कि ज़िंदगी क्या है

ये जो शम्एँ जलाए बैठे हैं
रात को दिन बनाए बैठे हैं
इनके सीने में इक किरण भी नहीं, चाँद दिल के बुझाए बैठे हैं
डूबने दो हमें अँधेरों में, देखने दो कि रौशनी क्या है
कौन सोचे कि ज़िंदगी क्या है

प्यास बुझती है न होश मरता है
क़तरा-क़तरा सवाल करता है
आके दुनिया में क्या किया तूने
क्या मिला तुझको, क्या दिया तूने
इन सवालों से दूर कर दे कोई
प्याला ख़ाली है, प्याला ख़ाली है
प्याला ख़ाली है मेरा भर दे कोई
भर दे कोई, प्याला भर दे कोई
कौन सोचे कि ज़िंदगी क्या है
ज़िंदगी क्या है, आदमी क्या है

174 संकल्प
1974

सब ठाठ पड़ा रह जाएगा, जब लाद चलेगा बंजारा
धन तेरे काम न आएगा, जब लाद चलेगा बंजारा
क्या पाया है वो बाट के खा, कंगाल न कर, कंगाल न हो
जो सबका हाल किया तूने, इक रोज़ तेरा वो हाल न हो
इस हाथ से दे, उस हाथ से ले, हो जाए सुखी यह जग सारा
सब ठाठ पड़ा रह जाएगा

इस सबका मालिक बन बैठा हर कोई क़िस्मत फूटी
था इतना मोह ख़ज़ाने का, दो हाथों से दुनिया लूटी
थे दोनों हाथ मगर ख़ाली जब उठा सिकंदर बेचारा
सब ठाठ पड़ा रह जाएगा, जब लाद चलेगा बंजारा
धन तेरे काम न आएगा, जब लाद चलेगा बंजारा

175 संकल्प
1974

तू ही सागर है, तू ही किनारा
ढूँढ़ता है तू किसका सहारा
मन में उलझा कभी तन में उलझा
तू सदा अपने दामन में उलझा
सबसे जीता और अपने से हारा
ढूँढ़ता है तू किसका सहारा

विष निकाले कि अमृत निकाले
डूबकर थाह अपनी लगा ले
तू ही शिव, तू ही शिव का दुलारा
ढूँढ़ता है तू किसका सहारा

उसका साया है तू, उसका दरपन
तेरे सीने में है उसकी धड़कन
तेरी आँखों में उसका इशारा
ढूँढ़ता है तू किसका सहारा

पाप क्या, पुण्य क्या, तू भुला दे
कर्म कर, फल की चिंता मिटा दे
ये परीक्षा न होगी दुबारा
ढूँढ़ता है तू किसका सहारा

176 फ़ासला
1974

ज़िंदगी सिगरेट का धुआँ
ये धुआँ जाता है कहाँ
या कहीं जाता नहीं
ये सोचो न सोचो मेरी जान
ये धुआँ जाता है कहाँ...

दिल को अपने तू छोटा न करना
ये कली दिल की फिर से खिलेगी
छिन गई है जो शक्ति बदन की
वही शक्ति तुझे फिर मिलेगी
तेरे पाँवों को छू लेंगी पर्बत की सब चोटियाँ
ज़िंदगी सिगरेट का...

फिर से दौड़ेगा चलने लगेगा
लहू तन में मचलने लगेगा
दिल पे छाया है जो ये अँधेरा
ये अँधेरा भी ढलने लगेगा
तुझे चाँद पे चलते देखेगा सारा जहाँ

177 फ़ासला
1974

आ उठा ले अपना जाम
क्या तुझे किसी से काम
इस छलकते जाम में
डुबो दे अपनी सुबहो-शाम

हुस्न भी ख़रीद ले
इश्क़ भी ख़रीद ले
रौशनी ख़रीद ले
चाँदनी ख़रीद ले
ज़िंदगी ख़रीद ले
जेब में अगर है दाम

जो तुझे बुरा कहे
प्यार को ख़ता कहे
तू भी मेरी जान है
दूर से ही कर सलाम

178 फ़ासला
1974

दिल ने तड़प-तड़प के तड़पना सिखा दिया
ईनाम अब मिले कि सज़ा, सर झुका दिया
दीवाना करके छोड़ दे जो इक ज़माने को
मुझको उसी निगाह ने इनसाँ बना दिया
ईनाम अब मिले...

बस इतना जानता हूँ मुझे तुम से प्यार है
और प्यार में न जीत किसी की, न हार है
इसके सिवा जो याद था वो सब भुला दिया
ईनाम अब मिले...

179 फ़ासला
1974

निगाहें चुराओ न दामन छुड़ाओ
मेरे साथ आओ—मेरे साथ आओ
मोहब्बत की दुनिया बसाओ तो आओ
वफ़ा को वफ़ा कर दिखाओ तो आओ

वो चाँदी की तलवार सोने की दीवार
दिए दर्द बेरूह दौलत का संसार
उसे छोड़कर जो तुम आओ तो आओ
वफ़ा को वफ़ा कर...

वो सोने की दीवार मैं तोड़ आया
वो दौलत का संसार मैं छोड़ आया
बसाएँगे दुनिया नई आ तो जाओ
बिछा दी हैं नज़रें क़दम तो बढ़ाओ
मेरे साथ आओ...

180 असलियत
1974

अरमाँ से खेलते हैं तूफ़ाँ से खेलते हैं
हम दीवाने
हम परवाने

निकले हैं लेके जलती जवानियाँ
ख़ुद चल पड़े हैं कि पुकारा है किसी ने
निखरे हैं सपने कि निखारा है किसी ने
काली पलकें
पल-पल झुकें
बिखरी लटों से बिखरें कहानियाँ
मौजें पड़ी हैं या बाँहें हैं किसी की

बूँदें नहीं हैं ये निगाहें हैं किसी की
शोख़ी झूमे
आँखें चूमे
बाँहों से लिपटीं ज़ुल्फ़ें दिवानियाँ
अरमाँ से खेलते हैं...

181 असलियत
1974

झूमे बाली धान की
जीत हुई है किसान की
चाँद उगाए तारे बिखेरे
ये धरती हिंदुस्तान की
जीत हुई...

घिर-घिर-घोर बदरिया छाए
झूम-झाम-झम घन बरसे
अपने ढोल से सोना-चाँदी
नीले गगन से धन बरसे
घड़ियाँ हैं अरमान की
जीत हुई...

अपना देश किसी के आगे
हाथ कभी क्यों फैलाए
अब ये दाग़ तभी जाएगा
दान यहाँ से जब जाए
झोली भर दो जहान की
जीत हुई...

कितने पेट भरेगा दफ़्तर
ध्यान भी आता है तुझको
शहर छोड़ के आजा प्यारे
खेत बुलाता है तुझको
सुन ले बातें ज्ञान की
जीत हुई...

182 धूप छाँव
1977

मुश्किल है बहुत मुश्किल, जल जाना पिघल जाना
जब शम्एँ बुझा दी हैं तब आया है परवाना
जिस रूप में भी आओ तुम पे निसार घुँघरू
पहचान लेंगे तुमको ये बेक़रार घुँघरू
जिस रूप में...

अरमाँ बहक रहे हैं कैसे क़दम सँभालें
ऐसा न हो तड़प के तुम को गले लगालें
बेइख़्तयार दिल है बेइख़्तयार घुँघरू

नज़रें चुराके बैठो, दामन बचाके बैठो
मेरे क़रीब आओ या दूर जाके बैठो
दिल को सुना ही देंगे दिल की पुकार घुँघरू

जो दिल गँवा चुके तुम उस दिल को ढूँढ़ते हो
इस सादगी के सदक़े क़ातिल को ढूँढ़ते हो
कर दे न तीर कोई सीने के पार घुँघरू

183 दिल और पत्थर
1977

है यही तो ज़मीं आसमाँ
जाएगा तू जहाँ-जहाँ
धूप है झूठी, छाँव भी झूठी
सच्चा है बस कारवाँ

पल-भर को हँसाती है पल-भर को रुलाती है
ये दुनिया तमाशा है
दूर से शोला-शोला है ये, पास गए तो धुआँ-धुआँ

जान की बाज़ी लगा
जुल्म जहाँ भी मिले
उसको मिटा-उसको मिटा
आह न कर, तू मुस्कुरा
तेरा है ये इम्तेहाँ
है यही तो ज़मीं...

पास बहुत जाना ना
धोखा कोई खाना ना
बातों में आ जाना ना
ज़हर दिल में उतना भरा
जितनी है मीठी ज़बाँ
है यही तो ज़मीं आसमाँ

184 दिल और पत्थर
1977

मेरा प्यार जवाँ दिलदार जवाँ और मौसम भी है दीवाना
वो इश्क़ तो मेरा इश्क़ नहीं रस्ते में जो चाहे रुक जाना

ये मस्त पवन दिल की धड़कन जब गाँव में लेके जाएगी
वो कमरे से भाग के आँगन में आँगन से द्वारे आएगी
शर्माएगी वो छुप जाएगी वो नज़रों को जो मेरी पहचाना
मेरा प्यार जवाँ...

कुछ सास का डर
कुछ गाँव का डर
वो छुपके निहारेगी मुझको
फैलाएगी बाँहें चोरी से
नज़रों से पुकारेगी मुझको
सीने से लगा लेगा उसको
ये मतवाला ये मस्ताना
मेरा प्यार जवाँ...

185 दिल और पत्थर
1977

कोई आएगा लिये दिल का क़रार
आएगा आएगा आएगा
आएगा

जान जाए तो जाए आन जाने न पाए
दिल जो टूटा तो टूटा दाग़ आने न पाए
है सहारा उसका जो तड़प जाएगा
कोई आएगा

क्या तुझको बताएँ फिर क्या है
क़िस्मत का मगर ये फेर नहीं
मजबूर थे हम मायूस नहीं
है देर वहाँ अंधेर नहीं
वो आएगा आएगा
वो आएगा

186 दिल और पत्थर
1977

न ना छूना ना ना छूना ना
मैं हूँ कटारी न छूना
क्या मेरी चुभन
क्या मेरी जलन
ये वो जाने ना

आँखें नशीली बातें रसीली
जितनी रसीली उतनी कँटीली
काम है मेरा चक्कू चलाना
ये वो जाने ना
न न ना छूना ना...

ये तिरछी नज़र
सौ तोड़े जिगर
ये वो जाने ना
न ना छूना ना...

187 दिल और पत्थर
1977

अल्लाह न जानूँ राम न जानूँ
जानूँ जानूँ मैं तेरा नाम रे
तेरे पीछे पहुँची परदेस में
जाने तुझ-सा पाऊँ किस भेस में
वो काँटा चाहे फूल हो या ग़म की काली धूल हो
जल जाना अपना काम रे
अल्लाह न जानूँ...

सारे जग से नाता मैं तोड़ दूँ
लेकिन दामन कैसे ये छोड़ दूँ
दिल अपना ग़म से चूर है
और मंज़िल दिल की दूर है
मेरा बाज़ू आके थाम ले
अल्लाह न जानूँ...

188 दिल और पत्थर
1977

जुल्मी तेरी मोटरकार है कि इक्का
काहे बार-बार लागे रे धक्का
खुल गए घुँघरू, गिर गई नथनिया
कैसे छुपाऊँ मैं अपनी जोबनिया
उड़ गई मोरी धानी उढ़निया
मोरी उढ़निया का रंग बड़ा पक्का
जुल्मी तेरी...

पिछले जनम से तेरी दिवानी
चाँदी का छल्ला तेरी निशानी
ऐसा छल्ला के जो पहनूँ तो बदन जल जाए
और न पहनूँ तो कलेजे पर छुरी चल जाए
ओ छल्ला लाया तो वादा करले पक्का
जुल्मी तेरी...

189 कणेश्वर रामा

1977

जो कुछ मैंने चुराया है
मालूम नहीं क़ीमत उसकी
बाज़ारों में घूमा हूँ मगर
मेल उसका कहीं आया न नज़र
सूरत से कहीं मिलती नहीं सूरत उसकी

हर कोने से लोग आए हैं यहाँ
सब ढूँढ़ रहे हैं उसको मगर
आया न किसी को वो नज़र
पाया न किसी ने उसका निशाँ
जो कुछ मैंने चुराया है
मालूम नहीं क़ीमत उसकी

जीवन के भंडार से सब मोती चुनकर लाते हैं
जड़ लेते हैं मोती होंठों में मिल-जुल के गाते हैं
जैसे जोड़ी पंछी की बाग़ों में मिलकर गाते हैं
जो कुछ मैंने...

कोमल तन है
कोमल मन है
नाम है उसका मल्ली
आँखों में है चालाकी इतनी
वो लगती गई मंत्री जैसी
जो कुछ मैंने...

जीवन क्या ये मेला है
है जो भी यहाँ अकेला है
इस मेले में तब शामिल होना
जब प्यार का सौदा कर लो तुम
गुल मिले या काँटे दामन अपना भर लो तुम
जाने कल क्या लगेगा सब कुछ ये झमेला है
जो कुछ मैंने...

सब का जीवन जुड़ा है
नीचे से ऊपर, ऊपर से नीचे
जो कुछ मैंने...

190 कणेश्वर रामा
1977

नरवीर कणेश्वर रामा
जनता को जो था दिल से प्यारा
आन थी उसे जान से प्यारी
आन पे जीवन उसने वारा

धारवाड़ ज़िले के वो हाँगल
गाँव का था रहनेवाला
नाहक़ के मुँह पर चढ़कर
हक़ बात सदा कहने वाला
हार गई दुनिया उससे वो न किसी से हारा
नरवीर कणेश्वर रामा...

हाँगल गाँव में उसका घर था
घर में खेती होती थी
मेहनत का पसीना था माथे पर
हर बूँद पसीने की मोती
हर बूँद चमकती थी ऐसे
जैसे कि चमकता है तारा...

रामा के बुरे दिन जब आए
और छाए नहूसत के बादल
हदबंदी पे गाँव में झगड़ा हुआ
कुछ छोटे बड़ों से टकराए
राम को पटेल ने गाली दी
और चढ़ गया राम का पारा
नरवीर कणेश्वर रामा...

दिल पर न उसे कुछ क़ाबू रहा
झल्ला के पटेल पर वार किया
तौहीन का बदला ले ही लिया
सर ज़ुल्म के आगे झुक न सका
गुस्ताख़ का जबड़ा तोड़ दिया
मुँह पर थप्पड़ ऐसा मारा

अब लग गई पीछे पुलिस उसके
वह मिल गया जाके जुंजा से
सब चोर उसके चेले बने
सब चलने लगे उसके पीछे
इस जंगल से उस जंगल में
वो फिरने लगा मारा-मारा
नरवीर कणेश्वर रामा...

जुंजा के गिरोह में थी मल्ली
मल्ली पे नज़र जब उसकी पड़ी
सीने में मोहब्बत जाग उठी
दोनों ही तरफ़ इक आग लगी
इक बार जो भड़की फिर न बुझी
शोलों से भरा जीवन सारा
नरवीर कणेश्वर रामा...

राजा ने गाँव को दुश्मन पाया
बेदर्दी से उसको फूँक दिया
ग़द्दारों को उसने दी ये सज़ा
हर घर जलके राख हुआ
हर देखनेवाला ये समझा
पागल हुआ रामा बेचारा
नरवीर कणेश्वर रामा...

रामा को पुलिस ने घेर लिया
पागलपन कुछ और बढ़ा
एक जाल नया तब सबने बुना
इक गोरे ने मल्ली को फाँसा
मल्ली ने इक ऐसी चाल चली
तो फँस गया रामा दुखियारा
नरवीर कणेश्वर रामा...

191 ऊपरवाला जाने
1977

सरकार मेरे, मेरे हुज़ूर
मेरे ख़ुदा भी आप हैं
आप ही का दर्द मेरे दिल में है
दर्द की मेरे दवा भी मेरे आप हैं
सरकार मेरे...

ज़िंदगी सिर्फ़ दर्द थी
तुम मिल गए दर्द की दवा मिल गई
मुझमें जो कुछ भी है वो
सब कुछ दिया है आपने
हुस्न था मासूम
शोख़ उसको किया है आपने
नाम भी अंदाज़ भी मेरी अदा भी आप हैं
सरकार मेरे...

लोग कहते हैं मगर
मुझको नहीं आता यक़ीं
मानूँ कैसे कि जन्नत
आस्माँ पर है कहीं नहीं
रंग भी ख़ुशबू भी जन्नत की हवा भी आप हैं
सरकार मेरे...

192 ऊपरवाला जाने
1977

तुम्हें वो भीगी हुई रात याद है कि नहीं
वो पहली-पहली मुलाक़ात याद है कि नहीं

मचल रही थी मेरे सीने पर घनी ज़ुल्फ़ें
पिघल गई थी जवाँ रात याद है कि नहीं

दिये थे जब मेरे हाथों में तुमने हाथ अपने
लरज़ रहे थे हसीं हाथ याद है कि नहीं

सितारे सुनके झेंप-झेंप जाते थे
निगाह करती थी वो बात याद है कि नहीं

जो तुमने की थी बसर इन सुलगती रातों में
थी वो भी ऐसी ही इक रात याद है कि नहीं

193 सुभाषचन्द्र 1978

ओ पगले नीर न बहा
रोना जो है, तूफ़ाँ उठा
नीर न बहा...

उभरे डूबे, डूबे उभरे, आँसुओं में खो गए
रोनेवाले रोते-रोते एक दिन चुप हो गए
आ ही गई बारी तेरी
ग़म हँस पड़े यूँ मुस्कुरा
नीर न बहा...

मैं क्या जानूँ, तू क्या जाने, कैसे कोई लुट गया
उल्टी-सीधी चालें चल के, जानेवाला उठ गया
दिल की नहीं गिनती यहाँ
तू दाँव पर जीवन लगा
नीर न बहा...

194 इंस्पेक्टर ईगल
1978

तुम क्यों आते नहीं, क्यों आते नहीं
बेचैन तन है, प्यासा बदन है
तुम क्यों आते नहीं

मस्त रंग न लबों का
तुम पे फ़िदा, जो आओ
आवारा गेसुओं[1] की बरसे घटा, जो आओ
मदहोश करो दिल को
दामन में फूल भर दो
या मुझको क़त्ल कर दो,
क़त्ल कर दो, क़त्ल कर दो, क़त्ल कर दो
तुम क्यों आते नहीं
तुम क्यों आते नहीं

बेताब दिल से मेरे, देखो करो न घातें
आ जाओ तुम तो महकें और बहकें जवान रातें
रातों को इक सहर दो
दामन में फूल भर दो
या मुझको क़त्ल कर दो
क़त्ल कर दो, क़त्ल कर दो, क़त्ल कर दो
तुम क्यों आते नहीं
तुम क्यों आते नहीं

ये जिस्म गोरा-गोरा, जो छुपके ज़रा झलके
और वो भी ऐसे जैसे रंगे-शराब छलके
कोई अपनी भी ख़बर दो
दामन में फूल भर दो
या मुझको क़त्ल कर दो
क़त्ल कर दो, क़त्ल कर दो, क़त्ल कर दो

तुम क्यों आते नहीं
तुम क्यों आते नहीं
बेचैन तन है
प्यासा बदन है
तुम क्यों आते नहीं

---

1. बालों

195 इंस्पेक्टर ईगल
1978

चल गया काली रात का जादू
आसमाँ के दरीचे खुलने लगे
रूहें दुनिया में आने वाली हैं
शहर चुप-चुप है जंगलों की तरह
वक़्त हँसता है पागलों की तरह
आओ पल-भर को तुम रौशनी में
वह मिला न हमें ज़िंदगी में
आओ पल-भर को तुम रौशनी में

दिल में, निगाहों में
अश्कों में, आहों में
आ जाओ
उल्फ़त की राहों में
अरमाँ की बाँहों में
आ जाओ

जा बसे हो तुम जहाँ
मेहरबाँ क्या वहाँ
दिल धड़कते नहीं चाँदनी में
आओ पल-भर को तुम रौशनी में

रंगीन ख़्वाबों में तुमको, नक़ाबों में देखा है
मासूम कलियों में, खिलते गुलाबों में देखा है
कुछ तुम्हें याद है या नहीं, सोच लो,
हम मिले थे कहाँ ज़िंदगी में
आओ पल-भर को तुम रौशनी में
ज़िंदगी खोके जो तुमने पाया
वो मिला न हमें ज़िंदगी में
आओ पल-भर को तुम रौशनी में

196 इंस्पेक्टर ईगल
1978

चलो आओ जाम उठाएँ
हम जीत का जश्न मनाएँ
इस रात को हम पिघलाके
दो घूँट में ही पी जाएँ

चलो आओ जाम उठाएँ

जो दिल से हमारे टकराया
वो पत्थर चकनाचूर हुआ
जो काँटा अपनी राह में था
वो काँटा राह से दूर हुआ

ग़म की घटाएँ फिर छा ना जाएँ
लौट के दिन वही आ ना जाएँ
चलो आओ जाम उठाएँ

बेरंग था जितना दिन अपना
उतनी ही रंगीं रात हुई
चलता था जो चालें रोज़ नई
लो आख़िर उसकी मात हुई

रात सुहानी कहीं ढल न जाए
वक़्त की नज़रें बदल न जाएँ
चलो आओ जाम उठाएँ

197 टूटे खिलौने
1978

बंधन कट गए बादल छँट गए
पत्थर हट गए राह के
चले आगे-आगे दीवाना
रहे कहीं पीछे ज़माना
लगे न समय का निशाना
मैं चला लो मैं चला
बंधन कट गए...

जिसे ना हो चलना गवारा
कहो करे हम से किनारा
रुके नहीं रोके से धारा
मैं चला लो मैं चला
बंधन कट गए...

198

टूटे खिलौने
1978

डूब रहा है मेरा दिल शाम से
किसको पुकारूँ तेरे नाम से

तुम जो आए देखे क्या-क्या सपने
जो भी थे लगते थे अपने
छुप गए तुम कहाँ मेहरबाँ
डूब रहा है मेरा दिल...

तुम बिन होगी कैसे कहानी पूरी
खो के तुम्हें मैं लगती हूँ अधूरी
छा गया चाँदनी पर धुआँ
डूब रहा है...

तुम आओ महकें तन में कलियाँ
तुम आओ जागें फिर से गलियाँ
फिर से हो दिल जवाँ जाने जाँ
डूब रहा है...

199 टूटे खिलौने
1978

नन्हा-सा पंछी रे तू
बहुत बड़ा पिंजरा तेरा
उड़ना जो चाहा भी
कहाँ तुझे उड़ने दिया
ले के तू पिंजरा उड़े
चले कभी ऐसी हवा
पंछी रे-पंछी रे
नन्हा-सा पंछी तू...

नए तेरे अरमाँ हैं नए तेरे सपने
नई-नई मंज़िल है नए-नए रस्ते
वहाँ तुझे उड़ना है हम जहाँ नहीं पहुँचे
पंछी रे-पंछी रे
नन्हा-सा पंछी रे तू...

बड़े हसीं रिश्ते हैं बड़ी हसीं दुनिया
यही तेरे बंधन हैं यही तेरा पिंजरा
खुले तेरे बाज़ू खुले अभी पिंजरा
पंछी रे-पंछी रे
नन्हा-सा पंछी रे तू...

200 टूटे खिलौने
1978

माना हो तुम बेहद हसीं
ऐसे बुरे हम भी नहीं
देखो कभी तो प्यार से
डरते हो क्यों इक़रार से

खुलता नहीं कुछ दिलरुबा
तुम हमसे .ख़ुश हो या हो ख़फा
तिरछी नज़र तीखी अदा
लगते हो क्यों बेज़ार से
देखो कभी तो प्यार से
डरते हो क्यों इक़रार से
माना हो तुम...

तुम दो क़दम दो साथ अगर
आसान हो जाए सफ़र
छोड़ो भी ये दुनिया का डर
तोड़ो न दिल इनकार से
देखो कभी तो प्यार से
डरते हो क्यों इक़रार से
माना हो तुम...

201 टूटे खिलौने
1978

क्या जाने ये दुनिया क्या जाने
अपने दिल की बातों को
क्या जाने ये दुनिया क्या जाने
दुनिया समय के पीछे दीवानी
बदले समय को पल में जवानी
सुबहे गुलाबी शामें सुहानी
देखे कहाँ ये दुनिया पुरानी
अपने दिल की बातों को
क्या जाने ये दुनिया क्या जाने
समझे ना जो अरमाँ का इशारा
दूर से उसको सलाम हमारा
दिल को हमेशा दिल का सहारा
आँचल में अपने अपना सितारा
अपने दिल की बातों को
क्या जाने ये दुनिया क्या जाने

202 आख़िरी मुजरा
1978

कबसे पिया की राह निहारे
अपने पिया की प्यारी
हाथ में गजरा आँख में कजरा
नाक में नथनी भारी

मोरी नथनी झूमे रे
झूमके मुझको चूमे रे
मोहे लाज बहुत ही आई रे पिया
बैरी नथनियाँ हाय नथनियाँ
पहन के मैं शरमाऊँ
कैसे कटेगी रैन पिया बिन
सोचके मैं घबराऊँ
धक-धक धक-धक बोले रे जिया
मोरी नथनी...

सूनी डगरिया हाय सँवरिया
जिया ना मोरा माने
ताने मारें बावरी सखियाँ
लगी न कोई जाने
मनवा जल-जल जाए रे पिया
मोहे लाज बहुत ही आए रे पिया
मोरी नथनी...

203 दीदार-ए-यार
1982

जाना-जाना जल्दी क्या है
रात महक तो जाने दो
ठहरो-ठहरो दिल तो ठहरे
होश में मुझको आने दो
डोरे कितने गुलाबी हैं
इन काली-काली आँखों के
हम जनम के प्यासे आशिक़ हैं
दो मतवाली आँखों के
पी के पैमाने से बेहोश हमें हो जाने दो
ठहरो-ठहरो...
जिस दिल में आप समाए हैं
उस दिल में हमें रुसवाई कहाँ
क्या जाने उड़ा ले जाए हमें
आपकी एक अँगड़ाई कहाँ
हम आपकी बाँहों के क़ैदी
बाँहों में हमें बल खाने दो
ठहरो...
इन मस्त निगाहों की मस्ती
दिल पर छाई जाती है
अरमाँ जोगी ऐसे
नींद-सी आती है
इस पत्थर जैसे सीने पर
सर रख के हमें सो जाने दो
ठहरो...

204 लक्ष्मी 1982

क्या बात है सुब्हान अल्लाह
क्या जलवों की बरसात है
सुब्हान अल्लाह
इक चाँद फ़लक पर है
इक चाँद ज़मीं पर
दो चाँद हैं इक रात है
सुब्हान अल्लाह

मतलब के हैं ये बंदे
लाहौल-बिला-क़ूव्वत
तन उजले हैं मन गंदे
लाहौल-बिला-क़ूव्वत
या प्यार कहे जाएँ
या इश्क़ कहे जाएँ
हाँ ठीक हैं सब फंदे
लाहौल-बिला-क़ूव्वत

ऐ जानेमन जानानेमन
क़ुरबान तुझपे जानो-तन
तू गुलबदन गुल पैराहन
ज़ुल्फ़ें घटा मुखड़ा चमन
गोया दहन शीरीं सुख़न
सबकी न बन
मेरी तो बन
तू मेरे दिल की आरज़ू
तू मेरे ख़्वाबों की दुल्हन

ऐ बदन पर ऐ बदचलन
चालू है तू भोला न बन
बैठा है क्या जा ख़ाक उड़ा
सहरा बने तेरा वतन
रूठे सुख़न झूठी लगन
झूठा है ये दीवानापन

देखे न सीने की जलन
देखे न ये दिल की चुभन
ये अक़्ल के हैं अंधे
लाहौल-बिला-क़ूव्वत

तेरे मुखड़े पर पड़ी
जब से नजरिया हमरी
ना रही हमका भी कुछ
हाय खबरिया हमरी
रूप का मान करे क्यों गोरी
आ के सजा दे सेजरिया मोरी

छोड़ दे बदजात चुनरिया हमरी
जोरा-जोरी में लचक जाए कमरिया हमरी
कैसे पहुँचेगा कि ऊँची है अटरिया हमरी
जा किसी और गली, छोड़ डगरिया हमरी

तेरी शोख़ी तो बहारों में नहीं
चाँद तारों में नहीं गुलज़ारों में नहीं
लालाज़ारों में नहीं तेज़ धारों में नहीं
तुझ-सा प्यारा कोई प्यारों में नहीं
सैकड़ों बल्कि हज़ारों में नहीं

तुझ-सा आवारा बाज़ारों में नहीं
रहगुज़ारों में नहीं वफ़ादारों में नहीं
जाँनिसारों में नहीं
तुझ-सा लोभी तो गँवारों में नहीं
सैकड़ों बल्कि हज़ारों में नहीं
सुब्हान अल्लाह
लाहौल-बिला-क़ूव्वत

205 ये नज़दीकियाँ
1982

एक दौर वह भी था
एक दौर यह भी है

एक दौर वह भी था
हम जो कह न पाते थे
आप वो भी सुनते थे
काँटों को परे कर के
एक फूल चुनते थे
एक ख़्वाब बुनते थे
एक दौर वह भी था...

एक दौर यह भी है
जो भी कहना-सुनना है
ख़ुद से कहते-सुनते हैं
फूल हों कि काँटे हों
अपने आप ही चुनते हैं
जितने सपने टूटे हैं
उतने सपने बुनते हैं
एक दौर यह भी है....

एक दौर वह भी था
हम जहाँ भी जाते थे
साथ-साथ जाते थे
साथ लड़खड़ाते थे
साथ लड़खड़ाते तो
हम सँभल भी जाते थे
एक दौर यह भी...

एक दौर यह भी है
अब जहाँ भी जाते हैं
पूछते हैं रस्ते भी
क्यों अकेले फिरते हो
इस तरह सँभलना क्या

लगता है कि गिरते हो
एक दौर यह भी है

एक़ दौर वह भी था
जब बहुत थी नज़दीकी
एक दौर यह भी है
जब है उतनी ही दूरी
किसको दोष दे कोई
वक़्त की है मजबूरी
रात बाक़ी है लेकिन
नींद हो चुकी पूरी
एक दौर वह भी था
एक दौर यह भी है
यह भी है यह भी है यह भी है

206 सुराग़ 1982

ढूँढ़ते-ढूँढ़ते हम तुम्हें जानेजाँ
आए कहाँ
देखो ना मेरी जाँ

तुम कहाँ हम कहाँ दिल मगर हमको
लाए कहाँ
देखो ना मेरी जाँ
दिल कब से तेरा दीवाना है, परवाना है
सोचो ना मेरी जाँ
ढूँढ़ते-ढूँढ़ते हम....

ये रूप तेरा मेरा इक सपना है
तू अपना है
आओ ना मेरी जाँ
ढूँढ़ते-ढूँढ़ते हम....

207 सुराग़ 1982

क्या हुआ अरे क्या हुआ
देखो-देखो तुम फिर रूठे
रूठ के हाथ छुड़ाओ ना
क्या हुआ क्या हुआ
क्या ख़ता हुई क्या ख़ता
मीठी-मीठी रात मिलन
उसको ज़हर बनाओ ना
क्या हुआ वल्लाह क्या हुआ...

लब पे नहीं है आँखों में हाँ है
रात जवाँ है मस्त समाँ है
यूँ ही समाँ ये बीत न जाए
इतनी बात बढ़ाओ ना
क्या हुआ...

आँख मिला लो रात जगा लो
प्यार का रंगीं जश्न मना लो
फ़िदा हूँ मैं इस मुखड़े पर
मुझको पीठ दिखाओ ना
क्या हुआ...

ठंडी हवा के झोंके ये चाहें
डाल गले में गोरी-सी बाँहें
तुम्हें बसा लूँ तन-मन में
और ज़रा पास आओ ना
क्या हुआ...

देखो-देखो तुम फिर रूठे
रूठ के हाथ छुड़ाओ ना
क्या हुआ...

208 सुराग़ 1982

भीगा-भीगा मौसम
भीनी-भीनी .ख़ुशबू
जागा-जागा जादू
कैसे रहे दिल पे क़ाबू
भीगा-भीगा मौसम...

आजा रे ओ साजना
आजा रे ओ साजना
भीगा-भीगा मौसम...

तेरे बिना जीवन सूना
सूनी मेरी दुनिया
.ख़ुद ही तुझे खोया मैंने
किस से करूँ शिकवा
टूटे मेरे सपने सारे
दिल बुझा दिल बुझा
भीगा-भीगा मौसम...

चंदा बिना दुनिया वीराँ
फूल बिना गुलशन
ज्योति बिना आँखें अंधी
तेरे बिना तन-मन
गुल से जुदा .ख़ुशबू
तू मुझसे जुदा मुझसे
भीगा-भीगा मौसम...

धोका नया खाया मैंने
ठोकर नई खाई
आँधी पड़ी ऐसी ग़म की
सारी .ख़ुशी गँवाई
ग़म की घटा कैसे बरसे
क्या पता क्या पता
भीगा-भीगा मौसम...

209 सुराग 1982

प्यार प्यार प्यार प्यार प्यार तू कर ले
चार चार चार आँखें चार तू कर ले

दिल-दिल धड़के
जैसे कोई शोला भड़के
ऐसे भड़के दिल
पल-पल चंचल मन डोले
जाने क्या-क्या दिल बोले
मिल-मिल जाके उसे मिल
तनहा-तनहा जीना प्यारे तेरा है मुश्किल
खेल खेल खेल खेल तू दिल से खेल
मेल मेल मेल कर तू दिल से मेल
ये दिल ये दिल तेरा है
तू ना हो तो दिल में अँधेरा है

210 सुराग 1982

मेरा दिल लिए जा
मेरा दिल तू लिए जा
दिल कहना माने ना
चुप रहना जाने ना

तन मेरा मन मेरा जीवन तेरा है
फूल तेरा कली तेरी गुलशन तेरा है
मेरा दिल लिए जा...

दिन हो शाम हो रात हो
सदा तू मेरे साथ हो
तन तेरा मन तेरा जीवन तेरा है
फूल तेरा कली तेरी गुलशन तेरा है
मेरा दिल...

रस भी रंग की ढलके रे
नज़र से मस्ती छलके रे
तन तेरा मन तेरा जीवन तेरा है
फूल तेरा कली तेरी गुलशन तेरा है
मेरा दिल...

211 सुराग 1982

वो नज़र लेके रही दिल ता ना ना हइया हो
लुट गए हम सरे महफ़िल ता ना ना हइया हो
थाम के बैठे हैं जो दिल ता ना ना हइया हो
हैं यही तो मेरे क़ातिल ताना ना हइया हो
वो नज़र लेके रही...

किसलिए तेज़ हवाओं में
जलाया है चराग़
कभी पाओगे न तुम
खोए हुए दिल का सुराग़
उसका पाना तो है मुशकिल ता ना ना हइया हो
वो नज़र लेके...

आप के दिल में नज़र आते थे हम भी बेदाग़
ऐसे दाग़ी का भला पाएँगे क्या आप सुराग
वो न था प्यार के क़ाबिल ता ना ना हइया हो
थाम के बैठे हैं जो दिल ता ना ना हइया हो
वो नज़र लेके...

उनको देखो कोई और उनकी अदाएँ देखो
इक ज़रा सर को जो शरमा के झुकाएँ देखो
बिजलियाँ क्यूँ न वो हँस-हँस के गिराएँ देखो
उन पे क़ुरबान है महफ़िल ता ना ना हइया हो
वो नज़र ले के...

मेरे दिलदार हो तुम
मेरी जाँ प्यार हो तुम
मैं हूँ चदा की किरन
नहीं तलवार हो तुम
कभी बेहोश हो तुम कभी हुशियार हो तुम
मिलती है मुझको सज़ा और गुनहगार हो तुम
बिकने आए हो यहाँ कैसे ख़रीदार हो तुम....

कभी इक़रार हो तुम
कभी इनकार हो तुम
कभी आसान बहुत
कभी दुशवार हो तुम
दिल का बचना तो है मुश्किल ता ना ना हइया हो
वो नज़र के...

इन निगाहों की क़सम
गोरी बाँहों की क़सम
महके वालों की क़सम
दहके गालों की क़सम
बिखरे गेसू की क़सम
जागे जादू की क़सम
मस्त .खुशबू की क़सम
उड़ते पल्लू की क़सम
देने दो हुस्न की ख़ैरात हमें
बन के आए हैं हम साइल ता ना ना हइया हो

झूठी बातों की क़सम
तेरी घातों की क़सम
मुस्कुराने की क़सम
दिल लुभाने की क़सम
प्यासे तन-मन की क़सम
दिल की धड़कन की क़सम
तेरी सुबहों की क़सम
तेरी शामों की क़सम
है गुनहगार तेरा दिल ता ना ना हइया हो
थाम के बैठे हैं जो दिल...
वो नज़र ले के रही दिल ता ना ना हइया हो

212

अर्थ
1982

कोई ये कैसे बताए के वो तनहा क्यों है
वो जो अपना था वोही और किसी का क्यों है
यही दुनिया है तो फिर ऐसी ये दुनिया क्यों है
यही होता है तो आख़िर यही होता क्यों है

इक ज़रा हाथ बढ़ा दे तो पकड़ ले दामन
उसके सीने में समा जाए हमारी धड़कन
इतनी क़ुरबत हैं तो फिर फ़ासला इतना क्यों है

दिल-ए-बरबाद से निकला नहीं अब तक कोई
एक लुटे घर पे दिया करता है दस्तक कोई
आस जो टूट गई फिर से बँधाता क्यों है

तुम मसर्रत का कहो या इसे ग़म का रिश्ता
कहते हैं प्यार का रिश्ता है जनम का रिश्ता
है जनम का जो ये रिश्ता तो बदलता क्यों है

213 अर्थ 1982

झुकी-झुकी-सी नज़र बेक़रार है कि नहीं
दबा-दबा रा राही दिल में प्यार है कि नहीं

तू अपने दिल की जवाँ धड़कनों को गिन के बता
मेरी तरह तेरा दिल बेक़रार है कि नहीं
दबा-दबा सा सही दिल में प्यार है कि नहीं
झुकी-झुकी-सी नज़र...

वो पल के जिसमें मोहब्बत जवान होती है
उस एक पल का तुझे इंतज़ार है कि नहीं
दबा-दबा सा सही दिल में प्यार है कि नहीं
झुकी-झुकी-सी नज़र

तेरी उम्मीद पे ठुकरा रहा हूँ दुनिया को
तुझे भी अपने पे ये ऐतबार है कि नहीं
दबा-दबा सा सही दिल में प्यार है कि नहीं
झुकी-झुकी-सी नज़र...

214

अर्थ
1982

तुम इतना जो मुस्कुरा रहे हो
क्या ग़म है जिसको छुपा रहे हो
तुम इतना..

आँखों में नमी हँसी लबों पर
क्या हाल है क्या दिखा रहे हो
क्या ग़म है...

बन जाएँगे ज़हर पीते-पीते
ये अश्क जो पीते जा रहे हो
क्या ग़म है...

जिन ज़ख़्मों को वक़्त भर चला है
तुम क्यों उन्हें छेड़े जा रहे हो
क्या ग़म है...

रेखाओं का खेल है मुक़द्दर
रेखाओं से मात खा रहे हो
क्या ग़म है...

215 रज़िया सुल्तान
1983

जलता है बदन
हाय ! जलता है बदन
प्यास भड़की है
प्यास भड़की है सरे-शाम से जलता है बदन
इश्क़ से कह दो कि ले आए कहीं से सावन
प्यास भड़की है सरे-शाम से जलता है बदन
जलता है बदन

जाने कब रात ढले, सुबह तक कौन जले
दौर पर दौर चले, आओ लग जाओ गले
आओ लग जाओ गले, कम हो सीने की जलन
प्यास भड़की है सरे-शाम से जलता है बदन
जलता है बदन

देख जल जाएँगे हम, इस तबस्सुम की क़सम
अब निकल जाएगा दम, तेरी बाँहों में सनम
दिल पे रख हाथ कि थम जाए दिल की धड़कन
प्यास भड़की है सरे-शाम से जलता है बदन
जलता है बदन
इश्क़ से कह दो के ले आए कहीं से सावन
प्यास भड़की है सरे-शाम से जलता है बदन
जलता है बदन

216 हम रहे न हम
1984

चाँदनी खिल रही हो
फिर भी जलता हो बदन
दिल डूबने लग जाए तो
ग़म को याद कर लेना
ओ मेरे प्यारे

झूठा जनम का रिश्ता
हम क्या अगर वो टूटा
बाँहों में मेरी तू आजा
तेरी यही है दुनिया
आजा प्यारे लब की लाली
रस के धारे
सब हैं तुम्हारे

छाने लगें जब उदासियाँ
तुम हो बहुत जब अकेले
दिल डूबने लग जाए तो
हमको याद कर लेना

ओ मेरे प्यारे
दिल है दीवाना तेरा
लब पे फ़साना तेरा
प्यासी जवानी देखे
सपना सुहाना तेरा
अरमाँ पागल
मन में हलचल
सरके पल-पल
सर से आँचल

महकी हुई-सी हवा चले
भड़के बदन में शोले
दिल डूबने लग जाए तो
हमको याद कर लेना
ओ मेरे प्यार

217 हम रहे न हम
1984

मियाँ-बीवी दोनों हों राज़ी
तो कहो कि क्या करे क़ाज़ी
प्यार देना प्यार लेना सीख ले
तू जीतेगा हारी हुई बाज़ी
खेल दिल का मेल दिल का है ज़रा
इसमें चले ना दग़ाबाज़ी
मियाँ-बीवी...

जब दिल मिले तब गुल खिले
महकेगा ये आँगन तेरा
उतनी .ख़ुशी तू पाएगा
जितना बड़ा दामन तेरा
प्यार उगा ले दिल के बाग़ में
करेंगी बहारें दिलनवाज़ी
प्यार देना प्यार लेना सीख ले
तू जीतेगा हारी हुई बाज़ी
मियाँ-बीवी...

शादी है बंधन प्यार का
दिल ना दुखाना दिलदार का
तुझको है डर क्या हार का
ले-ले सहारा ऐतबार का
साथ उसका देते रहना रात-दिन
तेरी जो करे ग़म साज़ी
प्यार देना प्यार लेना सीख ले
तू जीतेगा हारी हुई बाज़ी
मियाँ-बीवी...

218 हम रहे न हम
1984

कैसा बसाया तूने जहाँ रे गुरु
लेके जाऊँ टूटा दिल कहाँ रे गुरु
जाऊँ कहाँ रे गुरु

ज़िंदगी जो यही है तो
इसे नर्क मानूँ
मिट गई हर .ख़ुशी कैसे
तुम भला क्या जानो
छाया हुआ है ग़म का धुआँ रे गुरु
जाऊँ कहाँ रे गुरु

फिर मिला जो जनम कोई
कैसे जिऊँगा मैं
पिया अब तक ज़हरे-ग़म जो
नहीं पिऊँगा मैं
जलने लगी है अपनी ज़बाँ रे गुरु
जाऊँ कहाँ रे गुरु

219 हम रहे न हम
1984

अरे थम चले हम
जहाँ तू वहीं हम
अरी थम भी जा
तेरा-मेरा प्यार है, तेरा-मेरा प्यार है

नटखट मुझे जाने दे
परे हट मुझे जाने दे
तेरा कैसा प्यार है, तेरा कैसा प्यार है

सदक़े जावाँ सोनिये तू कहा मेरा मान ले
मैं कहना कैसे मानूँ रे
बचपन से तू मन में बसी ये भेद मेरा जान ले
मैं तेरी घातें जानूँ रे
हाथ मेरा थाम ले बाँहों में आराम ले
तेरा-मेरा प्यार...

बचपन बीता साथ दिया अरे बीत गए दिन खेल के
बस वादे रह गए मेल के .ख़ुश होके हम
दुख से दिल घबराएँ क्यों दुख झेलेंगे
हाँ लौट आएँगे दिन खेल के
समय ही बताएगा वही आज़माएगा
तेरा कैसा प्यार है...

220 हम रहे न हम
1984

मम्मी ऐसी पप्पा ऐसे
मेरे सिवा और किसको मिले
सितारों से आए
बहारों से मीठे
मेरे सिवा और किसको मिले

सारी ये बहारें लेके आया है ये फूल
सींचा जो लहू तो ही पाया है ये फूल
महकी ये फ़िज़ाएँ जो मुस्काया है ये फूल
अपने को गँवाया तो ही पाया है ये फूल
दिलो-जाँ से प्यारे
आँखों के तारे
मेरे सिवा और किसको मिले
मम्मी ऐसी...

सर पे हैं मेरे जब तक ये दोनों हाथ
बढ़ता ही रहूँगा चाहे दिन हो चाहे रात
होंगी ये निगाहें हर दम जो मेरे साथ
कैसे ज़िंदगानी में होगी अपनी मात
सितारों से आए बहारों से मीठे
मेरे सिवा और किस का मिले
मम्मी ऐसी...

आँखों का उजाला हो तुम ही दिल का नूर
छाए एक अँधेरा जो हो पल-दो पल ही दूर
हँसना और हँसाना ख़ुश रहना बस तू
ख़ुशियाँ हैं हज़ारों ग़म हैं दिल से दूर
दिलो-जाँ से प्यारे आँखों के तारे
मेरे सिवा और किसको मिले
मम्मी ऐसी...

221 हम रहे न हम
1984

रौशन-रौशन रातें अपनी
दिन भी रोशन
जबसे जीवन में तुम आए
तबसे ऐसा जीवन
लाए तुम्हीं ये रौशनी

ज़िंदगी है ज़िंदगी जो दिल जवाँ रहे
सिर झुका ना अपना हम जहाँ रहे
जाने कैसे-कैसे दिल में सदा मेहमाँ रहे
रौशन-रौशन रातें अपनी

दिल मचले तो फिर ये माने ना
कुछ अरमाँ अपने
देखे कई सपना टूटे नहीं टूटे नहीं टूटे नहीं दिल
दिल मचले
रौशन-रौशन रातें अपनी

तू जो मेहरबाँ हुआ हम रहे न हम
दोस्त तेरा शुक्रिया हम रहे न हम
चोरी-चोरी तूने कैसा जादू किया
हम रहे न हम
रोशन-रोशन रातें.......

222 भावना 1984

पहेली छोटी-सी
तू जाने या न जाने
तू माने या न माने
जो समझे वो बड़ा
पहेली छोटी-सी...

आओ जी आओ पूछूँ जो बताओ
देखो मुँह न छुपाओ
राजा बैठा देखे खेल रानी पीती दुम से तेल
समझे क्या समझाऊँ
मैं बताऊँ
मैं समझ गई
दीया और बाती
शाबाश
पहेली छोटी-सी...

देखे जो दिखाए कुछ भी न छुपाए
कुछ भी तो न छुपाए
पल-पल दिल ये चाहे जैसे कीजे देखा कीजे
है क्या कोई बताए
तुम बोलो
ये तो मुश्किल है
सोचो
हाँ समझ गया आईना
पहेली छोटी-सी...

आया जो सवेरा सपना था जो मेरा
गया दूर अँधेरा
जागी निकला मल के गुलाल
सोने की दाढ़ी सोने के बाल
बोलो समझे कहा मेरा
स्कूटर
अरे बुद्धू स्कूटर नहीं सूरज
शाबाश
पहेली छोटी-सी...

223 भावना
1984

देखो दिन ये न ढलने पाए
हर पल एक सदी हो जाए
इस दिल में इस घर में कुछ दिन की धूप छाई
तू आया तो सुख आए

वक़्त मेहरबाँ हो और तू जवाँ हो
नन्ही-सी तू जान है भोला और नादान है
दुख में डूबी कहानियाँ इस से कहूँ या न कहूँ
देखो दिन ये...

अश्क पी लिये हैं होंठ सी लिये हैं
रखा तुझको राज़ में नग़मा जैसे साज़ में
तू तो सुन ले सदा मेरी दुनिया सुने या न सुने
देखो दिन में...

224 भावना 1984

तू कहाँ आ गई ज़िंदगी
ग़मों के सेहरा में
दुखों की दुनिया में
मिली ये नई जिंदगी
तू कहाँ...

मेरे नाकाम ख़्वाबों की ताबीर तू
जिसने लूटा मुझे उसकी तस्वीर तू
मेरे सीने से लग जा मेरी ज़िंदगी
तू कहाँ...

अपनी तनहाइयाँ ले के जाती हूँ मैं
अपनी रुसवाइयाँ ले के जाती हूँ मैं
के तुझे रास आए तेरी ज़िंदगी
तू कहाँ...

मुझको डसती थीं साँसें मेरी बन के नाग
आज तूने चिता को दिखाई जो आग
मौत मेरे लिए बन गई ज़िंदगी
तू कहाँ...

225 भावना 1984

मेरे दिल में तू ही तू है
दिल की दवा क्या करूँ
दिल भी तू है जाँ भी तू है
तुझपे फ़िदा क्या करूँ

.ख़ुद को खोके तुझको पाके क्या-क्या मिला क्या कहूँ
तेरी होके जीने में क्या-क्या मज़ा आया क्या कहूँ
कैसे दिन हैं कैसी रातें कैसी फ़िज़ा क्या कहूँ
मेरी होके तूने मुझको क्या-क्या दिया क्या कहूँ
मेरे पहलू में जब तू है फिर मैं दुआ क्या करूँ
मेरे दिल में तू...

है ये दुनिया दिल की दुनिया मिलके रहेंगे यहाँ
लूटेंगे हम ख़ुशियाँ हर पल दुख न सहेंगे यहाँ
अरमानों के चंचल धारे ऐसे बहेंगे यहाँ
ये तो सपनों की जन्नत है सब ही कहेंगे यहाँ
ये दुनिया मेरे दिल में बसी है दिल से जुदा क्या करूँ
मेरे दिल में...

226 कहाँ तक आसमान है
1984

चम-चम चिकारा हाए
मारा-मारा-मारा-मारा हाए
हाए रे हाए रे
जुल्फ़ों से खेलो तुम
बाँहों में ले लो तुम
करता है मौसम ये
क्या-क्या इशारा
चम-चम चिकारा...

दुनिया ये फ़ानी है
रुत आनी-जानी है
कर लो प्यार कर लो तुम
जब तक जवानी है
चम-चम चिकारा...

227 कहाँ तक आसमान है
1984

कोई जब से शरीके-कारवाँ है
मेरे क़दमों के नीचे आसमाँ है
मोहब्बत का है ये अदना करिश्मा
.ख़ुदा आज भी हम पर मेहरबाँ है
मेरे क़दमों के नीचे...

जहाँ तुम हो वहीं जन्नत है मेरी
जहाँ तुम पाँव रख दो क़हक़शाँ है
मेरे क़दमों के नीचे...

हमारी आरज़ू का इम्तेहाँ है
चलो देखें कहाँ तक आसमाँ है
कोई जब से शरीके-कारवाँ है
मेरे क़दमों के नीचे आसमाँ है
कहाँ तक आसमाँ है
कहाँ तक आसमाँ है

228 कहाँ तक आसमान है
1984

आओ वहाँ तनहाई में टहलें
उसके बाद
सब से अलग हरी घास में बैठें
उसके बाद
आपकी बिखरी हुई ज़ुल्फ़ों से खेलें
उसके बाद
आपको जलती बाँहों में ले लें
उसके बाद
ना ना ना ना ना ना ना
ना ना को समझाना जी
क्यूँ
सेहरा बाँध के आना होगा
उसके बाद
पंडित भी बुलवाना होगा
उसके बाद
चाहनेवाले घेरे होंगे
उसके बाद
तेरे-मेरे फेरे होंगे
उसके बाद
उसके बाद
हट

229 कहाँ तक आसमान है
1984

जुल्फ़ों की घटाएँ
तेरे लिए मेरे यार
ये शोख़ अदाएँ
तेरे लिए मेरे यार
इस महके से आँचल की
महकी आवारा हवाएँ
तेरे लिए मेरे यार

शाद रहे जीवन तेरा
फूलों से भरे दामन तेरा
क्या दूँ मैं जनमदिन का तोहफ़ा
ये मन तेरा ये तन तेरा
बस तू हो जा मेरे लिए
मेरे लिए मेरे यार
जुल्फ़ों की घटाएँ...

दिल शाद रहे आबाद रहे
ये पत्थर यूँ ही बरबाद रहे
हम जिनमें तेरे दीवाने हुए
दिन तुझको सदा वो याद रहे
बस तू हो जा मेरे लिए
मेरे लिए मेरे यार
जुल्फ़ों की...

230 कहाँ तक आसमान है
1984

आज मुझे सीने से लगा लो
प्यास बुझा दो प्यास बुझा लो
प्यासी नज़रें उल्टी साँसें
तन में चुभें जैसे फाँसें
चुन के सारी फाँसें निकालो
आज मुझे सीने...

जाने मुझे क्या आज हुआ है
पी नहीं लेकिन फिर भी नशा है
नशा तुम्हारा तुम ही सँभालो
आज मुझे सीने...

बिखरी-बिखरी ज़ुल्फ़ों से खेलो
जलती-जलती बाँहों में ले लो
रात जवाँ है ग़म को भुला लो
आज मुझे सीने...

231 कहाँ तक आसमान है
1984

रास्ता भी हसीं हमसफ़र भी हसीं
अब कहीं खो भी जाएँ तो कुछ ग़म नहीं
रास्ता भी हसीं...

जाग उठा है सवेरा सोया नसीब
कोई बैठा है दिल के कुछ इतना क़रीब
ऐसा लगता है दिल आज तनहा नहीं
रास्ता भी हसीं...

सोने-चाँदी की होती है पूजा यहाँ
आज भी दिल का होता है सौदा यहाँ
ये जहन्नुम है ऐ दोस्त दुनिया नहीं
रास्ता भी हसीं...

कौन सुनता है किसकी यहाँ दास्ताँ
कौन समझेगा मजरूह दिल की ज़ुबाँ
आप मुझ को न समझे तो शिकवा नहीं
रास्ता भी हसीं...

232 कहाँ तक आसमान है
1984

जब भी चूम लेता हूँ
इन हसीन आँखों को
सौ चराग़ अँधेरे में
झिलमिलाने लगते हैं
फूल क्या शगूफ़े क्या
चाँद क्या सितारे क्या
सब रक़ीब क़दमों पे
सर झुकाने लगते हैं
रक़्स करने लगती हैं
मूर्तें अजंता की
पायलें झनकती हैं
ग़ार गाने लगते हैं
सौ चराग़ अँधेरे में...
फूल खिलने लगते हैं
उजड़े-उजड़े गुलशन में
प्यासी-प्यासी धरती पर
अब्र छाने लगते हैं
लम्हे-भर को ये दुनिया
जुल्म छोड़ देती है
लम्हे-भर को सब पत्थर
मुस्कुराने लगते हैं
सौ चराग़...
जब भी चूम लेता हूँ इन हसीन आँखों को
सौ चराग़ अँधेरे में झिलमिलाने लगते हैं

233 शर्त 1985

तेरा मेरा तेरा मेरा पहला याराना
क्या कहना क्या कहना
यार ऐसा साथी मिलता कहीं नहीं
प्यारे खिलता कहीं नहीं
फूल रोज़ ऐसा
तेरा मेरा तेरा मेरा...

तड़प के इश्क़ ने .ख़ुद सर झुका दिया होगा
तुझे बना के .ख़ुदा मुस्कुरा दिया होगा
तेरा मेरा तेरा मेरा...

जो मेरे हाथों में हाथ आपका होगा
जो काँटा राह में आएगा फूल-सा होगा
तेरा मेरा तेरा मेरा...

जो एक साथ धड़कने लगेंगे ये दो दिल
ना पूछ कैसी कश्मकश में तीसरा होगा
तेरा मेरा तेरा मेरा...

234 शर्त 1985

ज़िंदगी है ज़िंदगी
ज़िंदगी से खेलो ना
आदमी है ईश्वर,
आदमी से खेलो ना
खेलो ना खेलो ना
ज़िंदगी से खेलो ना

पाप तोड़ना इसका
शर्त है ये जीवन की
तुमसे कोई खेले ना
तुम किसी से खेलो ना
खेलो ना खेलो ना...

तुम भी घोर अँधेरे में
रास्ता न पाओगे
चाँदनी ना छुप पाए
चाँदनी से खेलो ना
खेलो ना खेलो ना...

चाहिए ख़ुशी सबको
इसमें तेरी क्या
चाहे वो हो किसी की
तुम ख़ुशी से खेलो ना
खेलो ना...

ज़िंदगी है ज़िंदगी
ज़िंदगी से खेलो ना
आदमी है ईश्वर
आदमी से खेलो ना।

235 एक पल
1986

आने वाली है बहार सूने चमन में
कोई फूल खिलेगा प्यारा-सा कोमल तन में
ये जो नहीं था मैं थी अधूरी
आते ही इसके हो गई पूरी
खोट नहीं कुछ चाल-चलन में
आने वाली...

जगमग-जगमग हो गया जीवन
वो आँचल में है रोशन
था जो सितारा दूर गगन में
आने वाली है...

पाप कहो या पुन्न कहो इसको
ये ही है सच्चाई
किसको छुपाऊँ किसको मिटाऊँ
ऐसे नहीं सौदाई
क्यों रहे चाँद गगन में
आने वाली...

236 फिर तेरी कहानी याद आई
1993

आने वाला कल इक सपना है
गुज़रा हुआ कल बस अपना है
हम गुज़रे कल में रहते हैं
यादों के सब जुगनू जंगल में रहते हैं
आने वाला कल...

मेरे तन-मन के अरमाँ
अपने तन-मन से पूछो
इनकी छुन-छुन का मतलब
दिल की धड़कन से पूछो
दुनिया सारे ज़माने ले ले
दौलत ले ले ख़ज़ाने ले ले
लूट सके न जिसको ज़माना
हमको इक पल ऐसा दे दे
प्यार के रंगीं मौसम सब जिस पल में रहते हैं
वक़्त के सच्चे नग़मे जिस पल में रहते हैं
आने वाला पल...

237 तमन्ना 1996

ज़िंदगी तो है अमल सब्र के क़ाबू में नहीं
नब्ज़ का गर्म लहू ठंडे-से आँसू में नहीं
उड़ने-खुलने में है .ख़ुशबू ख़मे-गेसू में नहीं
जन्नत एक और है जो मर्द के पहलू में नहीं
उसकी आज़ाद रविश पर ही मचलना है तुझे
जिस्म जलता हूँ उसी आग में जलना है तुझे
उठ मेरी जान मेरे साथ ही चलना है तुझे
उठ मेरी जान...

तेरे आँचल में हैं किरनें भी अँधेरा ही नहीं
तुझ से रातें भी महकती हैं सवेरा ही नहीं
दिल में अरमान भी है ग़म का बसेरा ही नहीं
ग़म के घनघोर अँधेरे से निकलना है तुझे
उठ मेरी जान...

क़द्र अब तक तेरी तारीख़ ने जानी ही नहीं
रौशनी भी है तेरी आँखों में पानी ही नहीं
हार तूने तक़दीर से मानी ही नहीं
तू हक़ीक़त है दिलचस्प कहानी ही नहीं
हर अदा तेरी क़यामत है जवानी ही नहीं
अपनी तारीख़ का उनवान बदलना है तुझे
उठ मेरी जान...